英語高速メソッド®パーフェクト英会話集

KASAHARA'S QUICK ENGLISH

ネイティヴの脳&耳になる

CD 4枚付

バートランゲージスクール 校長
笠原 禎一 MBA

新星出版社

はじめに

　本書は、長文・長いパッセージを聴き取る＆読み取る（Comprehension）能力を飛躍的に高めるために書かれました。本書を真剣に学んでいただければ、今まででは考えられないくらい、**飛躍的に長文を素早く聴き取る＆読み取る能力が身についてくる**でしょう。

　長文・長いパッセージを、正確に素早く聴き取る＆読み取るためには、「通常の訳し方＝センテンスごとに訳していく方法」では限界があります。なぜなら、英語をセンテンスごとに日本語に訳していくと、1つのセンテンスの中で、「後ろに進んだり前に戻ったり」という作業を繰り返さなくてはならないからです。英語の語順のまま読み進んでいく場合と比べると、この方法は最低でも3～5倍の時間がかかってしまいます。

　英語を聴き取るときの状況を少し想像してみてください。言葉は、相手が発した瞬間に消えていきます。その短い間に、相手の英語の意味をとらえる必要があります。仕事で英語を扱う場合も、じっくりと考えている時間はありません。短時間で処理しなくてはならない場合が多いのです。

　したがって、ネイティヴ・スピーカーたちと同等の、**英語の語順で読み、書き、聴き、話す能力**が要求されます。反対に、英語の語順で理解する方法が身につけば、ネイティヴたちと同じように、英語を英語のまま理解していく能力がついてきます。

　そうなれば、映画館で洋画を見たときに、ネイティヴたちと同じタイミングで、同じように感動したり笑うことができるようになるのです。

　話すときにも、自然にネイティヴたちとコミュニケーションをとることができるようになります。

　これまでのように、聴き取れた単語から意味を想像して理解したり、単語を並べて話すような、ぎこちなさもなくなります。こうなってくると、あなたの英語力は飛躍的に上達していきます。

　「高速メソッド®」では、〈笠原訳〉という独特な逐語訳を用いることによって、英語の語順のまま理解していきます。今までのように戻って解釈する必要はなくなります。この**英語の語順で理解していくことは、〈笠原訳〉を使っていけば、自然とできる**ようになるのです。

この英語の語順を自分の脳に定着できなければ、英語を素早く理解することや流ちょうに話すことはできないのです。
　また、英語を聴くときや話すときに瞬時に反応できる「瞬発力」というものが必要になります。
　「高速メソッド®」では、通常のスピードの2倍を超える高速リスニングを用いることによって、段階的に高速で聴き取る能力を身につけ、あなたの英語の「瞬発力」を高めていきます。
　この「英語の語順で理解する能力」と「瞬発力」を、同時に身につけることによって、あなたの英語運用能力は飛躍的に高まっていきます。
　また、高速で聴き取ったものは、脳に長期間、記憶として定着しやすいという特徴があります。ですから、学習する英語がどんどんあなたのモノになっていきます。
　なお、このメソッドは日本、オーストラリア、韓国で特許を取得し、たくさんの方々から好評をいただいています。

　本書のPart 1では、さまざまな話題について、外国人と英語で話し合える（ディスカッションできる）力を養成します。Part 2では「ニュース英語」を学びます。そのとき使用するニュース番組の原稿は、実際のCNNやBBCのようなニュース番組から使うことをせずに、あえて私が書きおろしました。実際にニュースで使われているものより多くの重要なボキャブラリーを入れることができるためです。具体的には「Discovery Channel」や「National Geographic」のような教養番組のスタイルを取っています。また、教養番組のスタイルを取ることによって、いつまでも興味を持って学習することができます。

　本書で学習することによって、あなたの英語力が高まり、人生を楽しく生きていく一助になれれば、著者としてこの上ない喜びです。

バートランゲージスクール® 校長　笠原 禎一　MBA

本書の使い方

　初めて「高速メソッド®」に触れる方は、まず以下から11ページまでをお読みください。その後、実践編の「Part 1　会話編」や「Part 2　ニュース編」を始めましょう。「高速メソッド®」についてもう少し詳しく知りたい方は、「Part 3　セオリー編」をご覧ください。すでに「高速メソッド®」をご存知の方は、「Part 1　会話編」や「Part 2　ニュース編」から始めましょう。

　会話編やニュース編を行うときは、まず最初にCDを聴いてください。もし、聴き取れなかった単語などがありましたら、本書のテキストを読み、再びCDを聴きましょう。これによって飛躍的に英会話力が向上します。

　CDには、本書にあるすべての「Story Listening（5ステップ・リスニング）」が収録されています。「Check this out!（重要ボキャブラリー一覧）」は、ボキャブラリーや構文を覚えられたかどうかを確認するページです。

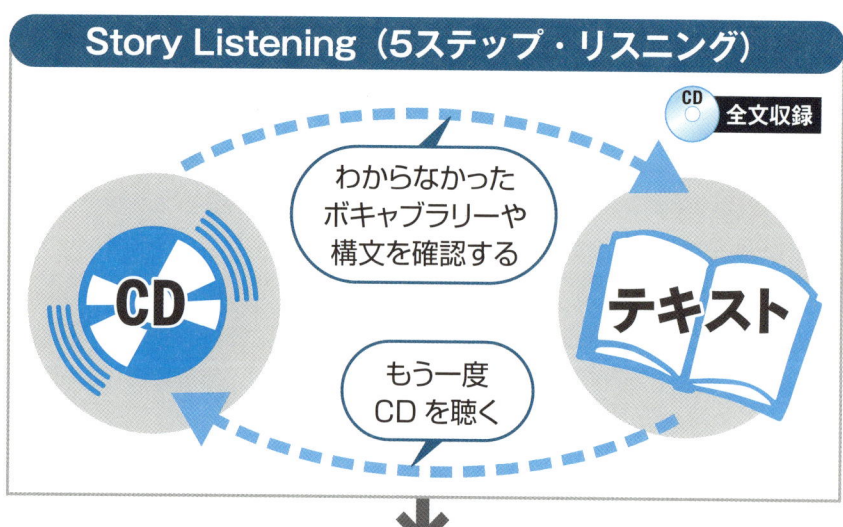

→ 本書の使い方

 Story Listening（5ステップ・リスニング）の使い方

CDに収録されている「5ステップ・リスニング」です。

この部分が「5ステップ・リスニング」です。すべてCDに収録されています。

「CD 3-4」の「3」はCDのナンバー（3枚目）を、「4」はトラック4を指しています。

News 1
How Scientists Name Hurricanes
ハリケーンの名づけ方

CD 3 / 4

Story Listening
5ステップ・リスニング

まずは、付属CDで「Story Listening」を聴いて、高速メソッド®の要「5ステップ・リスニング」を実践してください。長いパッセージの英語を聴き取る学習をすると、「映画を字幕なしで見る能力」だけでなく、「長文を素早く読んでいく能力」のような資格試験突破に必要なComprehension能力（理解力）を飛躍的に高めることができます。
それでは始めましょう。Let's get started!

Violent tropical ocean storms are called 凶暴な熱帯性嵐は呼ばれています hurricanes ハリケーンと if they occur もしも、それらが起こるなら near the equator 赤道の近くで in the eastern Pacific or Atlantic oceans 東太平洋か大西洋 in the late summer or early autumn. 夏の終わりか初秋に

The same kinds of storms are also known 同じ種類の嵐は、また知られています by other names. ほかの名前で Weather scientists call 気象学者たちは呼びます them それらを cyclones サイクロンと when they break out それらが発生するときに just north or south すぐ北か南に of the equator and in the Indian Ocean. 赤道とインド洋の／

They are also called それらはまた呼ばれています typhoons 台風と when they happen それらが起こるときに in the Pacific Ocean 太平洋の中で of the China Sea. シナ海側の／

Meteorologists call 気象学者たちは呼びます hurricanes ハリケーンを by names 名前で to make させるために clear はっきりと which storm どの嵐を

↪続く

青い文字は重要な単語や構文。「重要ボキャブラリー＆重要構文」で解説しています。

これが〈笠原訳〉です。

5

Vocabulary & Structure Building
（重要ボキャブラリー＆重要構文）の使い方

「5ステップ・リスニング」に出てきたボキャブラリーや構文です。

マスターしたものから
✓を入れていきましょう。

「5ステップ・リスニング」で青い文字
で強調された単語や構文です。

Vocabulary & Structure Building
重要ボキャブラリー＆重要構文

ここでは、Story Listening（5ステップ・リスニング）に出てきた重要なボキャブラリーと重要構文をチェックしていきます。
マスターしたら、各項目の□マークに✔を入れていきましょう！

☐ **1 hurricane：ハリケーン**
"hurricane（ハリケーン）" "cyclone（サイクロン）" "typhoon（台風）"は、どれも巨大な嵐のことです。それぞれの違いは、本文を読んで確認しましょう。

☐ **2 occur：起こる**
これと同じ意味の動詞として、"break out"や"happen"があります。

☐ **3 equator：赤道／赤道地域**
これは、地球や天体の「赤道」や「赤道地域」のことを指します。この単語は、「地球を"equally（等しく）"に分割した場合の線」という意味です。
この"equator（赤道）"から分けた半分を"hemisphere（半球）"と言います。だから、「南半球」は、南半分を意味する"the Southern Hemisphere"と言い、「北半球」を"the Northern Hemisphere"と言います。覚えておきましょう。

☐ **4 the Pacific Ocean：太平洋**

☐ **5 the Atlantic Ocean：大西洋**

☐ **6 eastern：東の**
"western（西の）" "northern（北の）" "southern（南の）"も覚えておきましょう。

☐ **7 weather scientist：気象学者**
「気象学者」を、より専門的にすると"Meteorologist"と言います。このUnitでは、両方使っています。

「5ステップ・リスニング」で紹介した単語や構文と
関係の深い表現や、単語や構文を、より深く理解す
るための解説です。

→ 本書の使い方

Comprehension Test（確認テスト）の使い方

「5ステップ・リスニング」で聴いたニュースの英文や単語を、しっかりとインプットできているかどうかを確認するためのものです。

※「確認テスト」はPart 2のニュース編（Unit 6 ～ Unit 9）のみ掲載しています。

テストの問題です。文章として答えるものや空欄を埋めるものなど、覚えてほしい内容に合わせた問題を用意しています。

Comprehension Test
確認テスト

さあ、いかがでしたでしょうか？
あなたは、以下の質問に答えられるでしょうか？
5ステップ・リスニングを行った後に、これらの質問にスラスラと答えらるようであれば、あなたにニュース番組を聴きこなす英語力が身についてきたことになります。

Questions

Answer the questions referring to the story above.
（上記の番組に関する以下の質問に答えてください）

ⓐ What are the hurricanes?
（ハリケーンとは、どのようなものでしょうか？）

ⓑ What are other types of tropical storms?
（ハリケーンと同じようなものには、何があるでしょうか？）

ⓒ Who began naming hurricanes?
（誰が、ハリケーンに名前をつけ始めたのでしょうか？）

ⓓ What are the rules of naming hurricanes?
（名前のつけ方には、どのような決まりがあるのでしょうか？）

★ Answers
ⓐ They are violent tropical ocean storms.
ⓑ They are cyclones and typhoons.
ⓒ Australian weather scientists began giving women's names to cyclones.
ⓓ They are named arranged alphabetically (omitting the letters Q, U, X, Y and Z) for a given year.

テストの解答です。ニュースの中で、重要なポイントとなる内容や単語です。

Check this out!（重要ボキャブラリー一覧）の使い方

「重要ボキャブラリー＆重要構文」で取り上げた重要なボキャブラリーや構文を再チェックします。

左側の英語、もしくは右側の日本語のどちらかを隠して、確認しましょう。

「重要ボキャブラリー＆重要構文」で取り上げた単語や構文の英語です。

「重要ボキャブラリー＆重要構文」で取り上げた単語や構文の日本語です。

Check this out!
重要ボキャブラリー一覧

ページの左側に英語を、右側に日本語を載せていますので、どちらかを隠して覚えていきましょう。

わからなかったものには、左側の□マークに✔を入れます。これをわからないフレーズやボキャブラリーがなくなるまで行いましょう。

Unit 1　思い出話・Reminiscences

Skit 1　Bumping into each oter!：偶然ばったりと！

□ run into	□ 偶然会う／ばったり会う
□ home town	□ 故郷／ホームタウン
□ Long time no see.	□ お久しぶりです
□ It's been a while.	□ ご無沙汰しています
□ It's been a long time.	□ ご無沙汰しています
□ see each other	□ 顔を合わせる
□ graduation	□ 卒業
□ ○○ or more	□ ○○以上
□ that's right	□ その通りだね
□ Time flies.	□ 時が経つのは早い
□ alumni association	□ 卒業生の会／OB会
□ Did you know ○○?	□ ○○があることを知っている？
□ class reunion	□ 同窓会
□ be held	□ 開催される
□ Oh, really?	□ ええ、本当に？
□ out of town	□ 市外に
□ lose touch with ○○	□ ○○と連絡をしなくなる
□ Will you go?	□ あなたは行きますか？
□ How about you?	□ あなたはどう？
□ Are you coming?	□ あなたは来ますか？

わからなかったものにチェックを入れ、チェックマークがなくなるまで行いましょう。

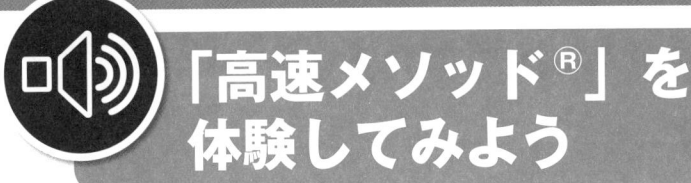

「高速メソッド®」を体験してみよう

CDの説明を聴きながら、以下から11ページまでの文面を読んでみましょう。「5ステップ・リスニング（5段階高速リスニング）」が体験できます。

Message from Yoshi Kasahara

Hello and welcome everyone to Kasahara's Quick English, Intermediate. I'm the author, Yoshi Kasahara.

Now, let us begin with our introductions.

The narrators are; Drew Larson, Kurt Common, Jennifer Okano, Laura Dawson, Natasha Miyake, Craig Hanson and Naoko Seto.

This book is designed to improve your English level from intermediate to advanced. With this book and CDs, you'll be able to obtain very high level comprehension skills, vocabulary and conversation capability.

What's more, the Kousoku Method has its own very unique segmental translation and high speed listening methodology, and it's a registered patent in Japan, Korea and Australia. So, this Method is very effective for improving your memory to obtain all the skills you need.

I hope you'll improve your English very quickly and use it for the rest of your life!

5 ステップ・リスニング
（5段階高速リスニング）

▶ ニュース番組：News Show

↓ 1st Step, 4th Step, 5th Step

James Robinson
Good evening. I'm James Robinson for The Seven O'clock News. Mt. Laila has been actively erupting since this morning. The residents have been ordered to evacuate. Mary Taylor is near the volcano to tell you this top story.

Mary Taylor
Good evening. I'm in San Thomas Island where the volcano's erupting. You can see the lava from the volcano coming toward us. People here are in a very difficult situation. About five hundred people have evacuated, and fifty people are in the hospital. Helicopters from the US Army have brought some food and antibiotics.

James Robinson
Thank you, Mary. Our next report will be at eight o'clock. Stay tuned!

↓ 2nd Step, 3rd Step

James Robinson
Good evening. こんばんは ／ I'm 私はあります James Robinson ジェームス・ロビンソンで for The Seven O'clock News. 7時のニュースの ／ Mt. Laila has been actively erupting レイラ山は、活発に噴火し続けています since this morning, 今朝以来 ／ The residents have been ordered 住民たちは指示されました to

↳続く

→ 「高速メソッド®」を体験してみよう

続き

evacuate. 非難するように / Mary Taylor is メアリー・テーラーがいます near the volcano その火山の近くに to tell 話をするために you あなた方に this top story. このトップニュースを /

Mary Taylor

Good evening. こんばんは / I'm 私はいます in San Thomas Island サントーマス島に where そこでは the volcano's erupting. その火山が噴火しています / You can see あなたたちは見ることができます the lava 溶岩を from the volcano 火山からの coming 来るのが toward us. 私たちに向かって / People here are ここの人たちはあります in a very difficult situation. 大変困難な状況に / About five hundred people have evacuated, 約500人の方々が避難しています and fifty people are そして50人がいます in the hospital. 病院に / Helicopters ヘリコプターは from the US Army アメリカ陸軍からの have brought 持ってきました some food and antibiotics. いくらかの食料と抗生物質を /

James Robinson

Thank you, Mary. ありがとうメアリー / Our next report will be 私たちの次の報告はあります at eight o'clock. 8時に / Stay tuned! チャンネルはそのままで！ /

英語高速メソッド®パーフェクト英会話集

目次

はじめに 2
本書の使い方 4
「高速メソッド®」を体験してみよう 9

Part 1　会話編　19

Unit 1
思い出話・Reminiscences　21

- Skit 1　Bumping into each other！：偶然ばったりと！ 23
- Skit 2　At the class reunion！：大学の同窓会で 30
- Skit 3　Reminicing together：思い出話 36
- Skit 4　Meeting again：再会 40

Unit 2
ペット、動物・Pets and Animals　51

- Skit 1　I'm afraid of snakes！：私は蛇が怖いです 53
- Skit 2　Animal Assisted Therapy：アニマルセラピー 59
- Skit 3　Being a Vegetarian：ベジタリアンであること 62
- Skit 4　Responsibilities of Animal Owners：飼い主の責任 67
- Skit 5　Food Cultures of the World：世界の食文化 71

Unit 3
健康 ▪ Health　　　　　　　　　　　　　　　　　　　　75

Skit 1　Medical Checkup：健康診断 77

Unit 4
ビジネス ▪ Business　　　　　　　　　　　　　　　　　83

Skit 1　New CEO's Revival Plan：新CEOの会社再生計画 85

Unit 5
教育 ▪ Education　　　　　　　　　　　　　　　　　　93

Skit 1　Requirements for a Job Application：求人の条件 95
Skit 2　Applying to Prestigious Universities：
　　　　難易度の高い大学への進学 99
Skit 3　Study of Practical Fields：実践的な学習 103
Skit 4　Traits of a Good Teacher：良い先生になる要件 106
Skit 5　Registration for Subjects：大学生の履修登録 109
Skit 6　About a Research Council：ある学術会議について 111
Skit 7　Professors' Duties：教授の職務 114

英語高速メソッド®パーフェクト英会話集 ■ 目次

Part 2 ニュース編　　117

Unit 6
熱帯性嵐 ▪ tropical storms　　121

News 1　How Scientists Name Hurricanes：
　　　　ハリケーンの名づけ方 123

Unit 7
最新の医療技術 ▪
Cutting Edge Medical Technology　　135

News 1　Genetic Testing：遺伝子検査 137
News 2　Preventive Surgery：予防外科手術 141

Unit 8
貧困家庭の子供たち ▪
Children from Poor Families　　145

News 1　U.S. failing its children：
　　　　子供たちの教育に失敗しているアメリカ 147

Unit 9
3-Dプリンターがもたらす技術革新 ▪
3-D Printers Causing Technological Innovation　　151

News 1　3-D Printers Causing Medical Revolution：
　　　　3-Dプリンターが起こす医療革命 153

| News 2 | 3-D Printers in Manufacturing Industry：製造業での3-Dプリンター | 159 |
| News 3 | 3-D Printers in Japan：日本での3-Dプリンターの活用 | 163 |

Bonus Cuts（ボーナストラック）
Business 2（ビジネス2） 169

Story 1　アプローチ ▪ Approach　170

Scene 1　まず、誰にアプローチしましょうか？ 170
Scene 2　アポが取れました 171

Story 2　取引 ▪ Deal　173

Scene 1　独占販売権を望みます 173
Scene 2　取引する機会をありがとうございます 175
Scene 3　見積もりをお願いします 176

Story 3　交渉 ▪ Negotiation　177

Scene 1　長期にわたる経験と実践的な専門知識があります 177
Scene 2　結論には至りませんでした 178
Scene 3　この条件で契約したいです 179

Story 4　契約 ▪ Contracts　181

Scene 1　契約書をよくお読みください 181
Scene 2　申し上げにくいのですが、契約違反です 182

英語高速メソッド®パーフェクト英会話集 ■ 目次

| Speaking Practice • 4 ステップ・スピーキング | 184 |

| Check this out! 重要ボキャブラリー一覧 | 188 |

Part 3 セオリー編　213

なぜ、高速メソッド®は支持されるのか？ 214
笠原訳 217
〈笠原訳〉の公式 225
5段階高速リスニング 244

おわりに 252

COLUMN & TIP

映画みたいにカッコよくイディオムを使おう！ ① 50
"on my mind" と "in my heart" 57
besides（複数形）と beside（単数形） 65
映画みたいにカッコよくイディオムを使おう！ ② 74
映画みたいにカッコよくイディオムを使おう！ ③ 92
映画みたいにカッコよくイディオムを使おう！ ④ 113
映画みたいにカッコよくイディオムを使おう！ ⑤ 116
自然災害（Natural Disasters）のキー・ボキャブラリーを覚えよう！ 131
映画みたいにカッコよくイディオムを使おう！ ⑥ 134

映画みたいにカッコよくイディオムを使おう！ ⑦ 168
映画みたいにカッコよくイディオムを使おう！ ⑧ 183
映画みたいにカッコよくイディオムを使おう！ ⑨ 212

本書のCDの構成

1枚目（約73分）

- 1〜2：「高速メソッド®」を体験してみよう（➡9ページ）
- 3〜4：Unit 1　Skit 1（➡23ページ）
- 5〜6：Unit 1　Skit 2（➡30ページ）
- 7：Unit 1　Skit 3（➡36ページ）
- 8：Unit 1　Skit 4（➡40ページ）
- 9：Unit 2　Skit 1（➡53ページ）
- 10〜11：Unit 2　Skit 2（➡59ページ）

2枚目（約70分）

- 1：Unit 2　Skit 3（➡62ページ）
- 2：Unit 2　Skit 4（➡67ページ）
- 3：Unit 2　Skit 5（➡71ページ）
- 4：Unit 3　Skit 1（➡77ページ）
- 5：Unit 4　Skit 1（➡85ページ）
- 6：Unit 5　Skit 1（➡95ページ）
- 7：Unit 5　Skit 2（➡99ページ）
- 8：Unit 5　Skit 3（➡103ページ）
- 9：Unit 5　Skit 4（➡106ページ）

3枚目（約71分）

- 1：Unit 5　Skit 5（➡109ページ）
- 2：Unit 5　Skit 6（➡111ページ）
- 3：Unit 5　Skit 7（➡114ページ）
- 4：Unit 6　News 1（➡123ページ）

英語高速メソッド®パーフェクト英会話集 ■ 目次

本書のCDの構成

```
 5：Unit 7   News 1 （➡137ページ）
 6：Unit 7   News 2 （➡141ページ）
 7：Unit 8   News 1 （➡147ページ）
 8：Unit 9   News 1 （➡153ページ）
 9：Unit 9   News 2 （➡159ページ）
10：Unit 9   News 3 （➡163ページ）
```

CD 4枚目（ボーナストラック：Bonus Cuts）（約35分）

```
 1：Story 1  Scene 1 （➡170ページ）
 2：Story 1  Scene 2 （➡171ページ）
 3：Story 2  Scene 1 （➡173ページ）
 4：Story 2  Scene 2 （➡175ページ）
 5：Story 2  Scene 3 （➡176ページ）
 6：Story 3  Scene 1 （➡177ページ）
 7：Story 3  Scene 2 （➡178ページ）
 8：Story 3  Scene 3 （➡179ページ）
 9：Story 4  Scene 1 （➡181ページ）
10：Story 4  Scene 2 （➡182ページ）
11～16：Speaking Practice （➡184ページ）
```

※本書に掲載されているニュースや会話はフィクションです。
　重要なボキャブラリーや構文を、多数取り入れた例文を創作しています。

● 書籍制作
　本文デザイン・DTP：伊藤淳子、田中由美
　イラスト：MICANO
　編集協力：㈲クラップス

● CD制作
　CDディレクション：笠原禎一
　CDナレーター（CD1枚目～3枚目）：Drew Larson、Kurt Common、Jennifer Okano、
　　Laura Dawson、Natasha Miyake、Craig Hanson、瀬戸奈保子
　CDナレーター（CD4枚目）：John Motlow、Marie-Louise-Ostler、Sarah Harrington、
　　Ed Ross、外所優子
　CD作成協力：松岡秀典、㈲クラップス
　CDレコーディングスタジオ：㈲渋谷マトリクススタジオ

Part 1

会話編
Long Conversations

長文・長いパッセージで、
英会話力を飛躍的に高めよう！

Part 1

Part 1（Unit 1 〜 Unit 5）の狙い

　本書は、長文・長いパッセージを読みこなす＆聴きこなす目的で書かれたものです。まず、Part 1のUnit 1 〜 Unit 5では、あなたの英会話力を高めることに重点を置きます。

　なぜなら、英会話がある程度できる方々の中には、必要なフレーズを覚えて話している人や、聞こえてくる単語から意味を想像している人、単語をただ無造作に並べて話している人なども多く存在するからです。

　このような人たちは、ある程度の英会話はできるでしょうが、長いセンテンスを聴き取ることやニュース英語を正確に聴き取ること、そして資格試験で高得点を取ることはかなり難しいでしょう。

　また、通常のネイティブ・スピーカー同士のナチュラルな英会話では、長いセンテンスが多く使用されています。なぜなら、ネイティブスピーカーたちは、どこまでがセンテンスで、どこでピリオドかということはあまり気にしていないからです。それは、私たち日本人が言葉を話す際に、どこまでが丸（句点）で、どこで点（読点）かを考えながら話していないことと同じです。

　そこで、Part 1では、長いセンテンスの会話を聴き取ることによって、あなたの英会話力を外国人と意見を言い合ったり、語り合ったり、さらにはディスカッションができるレベルにまで高めていきます。長いセンテンスでも理解できる英語力を養成していきます。

　そして、それぞれのUnitでは、その話題のテーマや状況を定めています。テーマが設定されていることによって、そのジャンルによく使われる重要ボキャブラリーなどを覚えながら、話を聴く力と話す力が身についていきます。同時に、長いセンテンスを聴き取る力も習得できます。

　さあ、このようにPart 1で英会話力を高めて、後半のPart 2で学ぶニュース英語を習得する力を身につけていきましょう。

　それでは、始めましょう！

Unit 1

思い出話
Reminiscences

思い出話に花を咲かせる長文の英会話

　外国の人たちと思い出話に花を咲かせることは、彼らと私たちの文化や生活習慣の違いなどにも触れる良い機会となります。過去の思い出話をするようになれば、過去形を用いたさまざまな言い方にとどまらず、過去完了形、現在完了形を用いた表現も駆使していくことになります。

　もちろん、このUnitでは、基本的な"Long time no see!（お久しぶり）"のような表現も学びますし、ビジネスに必要な表現、たとえば"resign（辞職する）"や"branch manager（支店長）"などの単語も学びます。

　このUnitで出てくるストーリーは、多感な大学時代を共に過ごした男女が、7～8年ぶりに再会する話です。大学を卒業した後の再会ですから、学生時代の昔の思い出話だけでなく、仕事の話も出てきます。

　登場する人物はAndreとLucas、そしてHelenとKatyです。彼らの過去の出会い、恋、そして別れという過去の話と、現在の再会の話についてです。

　さあ、これらのSkitから過去形の使い方、誘い方など、さまざまな言い回しを自然と身につけましょう。皆さんの英会話力はどんどん高まっていきます。

Skit 1

Bumping into each other!
偶然ばったりと！

Story Listening
5ステップ・リスニング

　まずは、付属CDで「Story Listening」を聴いて、高速メソッド®の要「5ステップ・リスニング」を実践してください。長いパッセージの英語を聴き取る学習をすると、「映画を字幕なしで見る能力」だけでなく、「長文を素早く読んでいく能力」のような資格試験突破に必要なComprehension能力（理解力）を飛躍的に高めることができます。
　それでは始めましょう。Let's get started!

> 場面設定：Setting the Scene

> Andre and Lucas **run into** アンドレとルーカスは偶然会いました each other お互いに at the bar バーで in their **home town**. 彼らの故郷の ／

Andre	Hey, Lucas! やあ、ルーカス ／ **Long time no see!** お久しぶりです ／ **It's been a while.** ご無沙汰しています ／
Lucas	Yeah, ああ **it's been** 時は経っているね **a long time!** 長い間が ／
Andre	We **saw** 僕らは会ったね **each other** お互いに only once 一度だけ after **graduation** 卒業の後で at Robert and Lisa's wedding. ロバートとリサの結婚式で ／ It was seven years ago **or more**, それは7年以上前だった wasn't it? じゃなかったかな？ ／

↪続く

続き

Lucas　Yeah, **that's right**. ああ、その通りだね ／ **Time flies!** 時が経つのは早いね ／
By the way, ところで I got a letter 僕は手紙を得たんだ from our **alumni association**, 僕らの卒業生の会から **did you know** 君は知っていたかい？ our **class reunion** is going to **be held** 僕らの同窓会が開催されることを next week**?** 来週に ／

Andre　**Oh, really?** ええ、本当に？ ／ No, いいえ I didn't know 僕は知らなかった that. それを ／ I've been 僕はずっといたんだ **out of town** 市外に for many years, 何年も so I **lost touch** それで僕は連絡が途絶えていたんだ **with** our classmates. 僕らの同級生と ／ When いつ will it be held? それは開催されるんだい？ ／

Lucas　It'll be それはある予定だよ next Tuesday. 来週の火曜日に ／ **Will you go?** 君は行くの？ ／

Andre　Yeah, うん of course もちろん I will. 僕は行くよ ／ **How about you?** 君はどうだい？ ／ **Are you coming?** 君は来るかい？ ／

Lucas　Sure, **you bet**. ああ、もちろん ／ Have you **moved** 君は引っ越してきたのかい？ **back** 戻って in town? 町に ／

Andre　Yeah, うん I did. 僕は引っ越してきたんだよ ／

Lucas　When いつ did you come back? 君は戻ってきたの？ ／

Andre　I got 僕は着いたんだ here ここに just a week ago. ちょうど1週間前に ／ So, それで I'm still **unpacking**. 僕はまだ、荷解き中だよ ／

Vocabulary & Structure Building
重要ボキャブラリー&重要構文

ここでは、Story Listening（5ステップ・リスニング）に出てきた重要なボキャブラリーと重要構文をチェックしていきます。

マスターしたら、各項目の□マークに✔を入れていきましょう！

□ **① run into：偶然会う／ばったり会う**

このSkitのタイトルにある "**bump into**" と同じ意味です。

□ **② home town：故郷／ホームタウン**

□ **③ Long time no see.：お久しぶりです**

□ **④ It's been a while.：ご無沙汰しています**

□ **⑤ It's been a long time.：ご無沙汰しています**

"It's been ○○ years." と言えば、「○○年ぶりですね」という意味になります。

□ **⑥ see each other：顔を合わせる**

"**see**" には「見る」という意味のほかに「会う」という意味があります。
同じ「会う」でも、"**meet**" と "**see**" は異なります。
"**meet**" は、「初めて会う」ときや「（待ち合わせをして、ある場所で）会う」とき、すなわち「落ち合う」という意味で使います。
"**see**" が「会う」という意味で使われるときには、「（二度目以降に）会う」ときです。
違いを覚えるために、以下の文を覚えておきましょう。

　　① Nice to meet you.　　→　はじめましてどうぞよろしく。
　　② Nice to see you again.→　また会えましたね。よろしくお願いします。

また、"**see**" を使う場合、気をつけなくてはならないことがあります。
"I saw him yesterday." と言うと「私は昨日、彼に会いました」かもしれませんし、「私は昨日、彼を見かけました」かもしれません。なぜなら、"**see**" には「見る」という意味もあるからです。

「会う」ということをしっかり伝えたければ、"each other"をつけて、"We saw **each other** yesterday.（私たちは昨日、[お互いに] 会いました）"とか、"Lucas and I saw **each other** yesterday.（ルーカスと私は昨日、[お互いに] 会いました）"のように言いましょう。

"**be seeing**"と、"see"を進行形にすると「付き合っている」という意味になります（32ページ7参照）。

□ **7 graduation：卒業**

□ **8 ○○ or more：○○以上**

"○○ or more"は「○○か、もっと」という意味ですから「○○以上」という意味になります。

"△△ years ago or more"も、「△△年か、もっと前に」という意味です。ということは「△△年以上前」となるのです。

このように"○○ or more"で「○○以上」ということを表現することができます。覚えておきましょう。

近い言葉として"over"を使った"**over** △△ years ago"は、「△△年を**超えて**前」という意味になるため、「以上」という意味を表現することはできません。

また、似たような言い方で、"○○ **or so**（○○か、そのくらい）"という言い方も覚えておきましょう。

たとえば、「5年かそこら」は"5 years or so"と言います。"**about** 5 years"もほぼ同じ意味です。表現のバリエーションを増やしていくことが英語のレベルを上げていくためには大切です。

□ **9 that's right：その通りだね**

"that's right"は「それは正しいです」という意味ですから「その通りだね」と表現したいときによく使われます。ほぼ同じ意味の表現として"**That's correct**（それは正確です）"も同じように使われます。

□ **10 Time flies.：時が経つのは早い**

これは"**Time flies like an arrow.**（光陰矢のごとし）"の短縮版です。類似表現として"**Time has wings.**（時は羽を持っている → 光陰矢のごとし）"という表現もあります。

☐ 11 alumni association：卒業生の会／ OB会

イギリスでは"Old Boys'"や"Old Girls'"と言うことはありますが、それらを"OB"や"OG"と頭文字だけにすることはありません。アメリカ人には、"OB"や"OG"だけでなく、"Old Boys'"や"Old Girls'"という表現も通じませんので要注意です。

☐ 12 Did you know ○○？： ○○があることを知っている？

このようなことを言うときに、現在形の"**Do**"を使って"**Do** you know ○○ ?"は使いません。なぜなら、"**Do** you know ○○ ?"は「（今）○○がある」という意味を表しているからです。

ですから、日本語の発想につられて、「来週、Pattyが誕生日会を開くのを知っている？」と尋ねるときに"Do you know Patty's having her birthday party?"と言うのは間違いです。"**Did** you know Patty's having her birthday party?"が正しい英語になります。

では、どういうときに"**Do** you know ○○ ?"と使うのでしょうか。それは、「現時点で知っているかどうかが、わからないとき」です。

たとえば、"Do you know if he comes?（彼が来るかどうか、わかる？）"と聞きたいようなときです。

つまり、ネイティヴたちは"Do you know if he comes?（彼が来るかどうか知っていますか？）"という意味に受け取ります。"**Do** you know"は、まさに自分も知らないときに使うのです。

ちなみに、この場合、"if he comes"が、"if he's coming"や"if he will come"としてもOKです。

☐ 13 class reunion：同窓会

結婚式やお葬式、誕生日会などで、家族・親戚一同が会うときには、"**family reunion**"と言います。このように、なかなか集まれなくなってしまった人たちが再び集うことを"reunion"と言います。

☐ 14 be held：開催される

このSkitの例では「同窓会」というイベントが主語ですから、受動態の"be held"が使われます。これを My company **is holding** 私の会社は開催します a party パーティーを next Friday. 来週の金曜日に ／とイベントの主催者を主語

にした場合、動詞は能動態の"hold"を使います。

☐ **15 Oh, really?：ええ、本当に？**

☐ **16 out of town：市外に**

☐ **17 lose touch with ○○：○○と連絡をしなくなる**

「○○との連絡を失う」という意味が基本です。この表現は、特定の人と「連絡を取らなくなった」ときや「音信不通になってしまった」ときにもよく使われます。この表現は、根本的に「○○との接点がなくなる」という意味合いがありますので、「（社会や大きな団体の最近の動向に）疎くなる」という意味でもよく使われます。
逆に、「連絡を取り合う」は"**keep in touch with** ○○"や"**stay in touch with** ○○" "**get in touch with** ○○"を使います（34ページ **18** もあわせて参照）。

☐ **18 Will you go?：あなたは行きますか？**

ここで「未来」について簡単に説明しましょう！
"will"が「単純未来（単純な未来を表す言葉）」、"be going to"が「意志未来（自分の意志が加わった未来を表す言葉）」と教えているところがありますが、これは間違った教え方であると言わざるを得ません。なぜなら、"will"の名詞での意味は「意志」「遺言」です。すなわち、"will"は「未来に行う**意志**」を表す言葉なのです。
ですので、未来形は以下のように覚えておきましょう。

　①**will**：今決心したばかりで、100％そうするつもりのとき
　②**be going to**：以前から知っていて、未来においても確実にそうする可能性が高いとき
　③**現在進行形が近い未来を表すとき**：すでに近い未来のために行動を起こしているとき

このSkitの場合、Andreは、「卒業生の会」があることを今まで知らなかったので、Lucasは"**Will** you go?"と"Will"を使って聞いています。もし、"**Are** you go**ing**?"（現在進行形の未来用法）や"**Are** you **going to** go?"（未来形の"be going to"）だと、以前から知っていなくてはなりません。
そして、その後でAndreは"Yeah, of course I **will**."と、"will"を使って「今、行く決心をした」ことを示しています。

☐ 19 How about you?：あなたはどう？

"What about you?" も同じ意味です。

☐ 20 Are you coming?：あなたは来ますか？

"go（行く）" と "come（来る）" の使い方について、以下の例文で使い分けが覚えられます。

> 「私たちはそのパーティーに行きます」「あなたも一緒に行きますか？」
> We're **go**ing to the party. Will you **come** with us?

このシチュエーションを目を閉じて、話し手の視点で想像してみるとわかりやすいと思いますが、「そのパーティーに行く」というのは、自分たちも行くので "go" を使いますが、「（私たちと）一緒に行きますか？」という場合は、「私たちがいるところに来て、それから一緒に行きますか？」というイメージになりますので "come" を使います。
これは結構大事なことなので、この例文で覚えておきましょう。

☐ 21 you bet：もちろん

これは "of course" と同じ意味です。

☐ 22 move：引っ越す

"move" の後ろへ "to" を続けて "**move to** ○○" とした場合「○○へ引っ越す」という意味になります（48ページ42参照）。

☐ 23 back：戻って

このストーリーでは "**back** in town（町に戻って）" が登場し、そのほかにも、"come **back**（戻ってくる）" "call **back**（折り返し電話をする）" "move **back**（戻って移り住む／後退する）" のように、"back（戻って）" は大変使える表現です。

☐ 24 unpack：荷解きをする

"pack" も "pack up" も「荷造りをする」です。

Skit 2

At the class reunion!
大学の同窓会で

Story Listening
5ステップ・リスニング

　まずは、付属CDで「Story Listening」を聴いて、高速メソッド®の要「5ステップ・リスニング」を実践してください。長いパッセージの英語を聴き取る学習をすると、「映画を字幕なしで見る能力」だけでなく、「長文を素早く読んでいく能力」のような資格試験突破に必要なComprehension能力（理解力）を飛躍的に高めることができます。
　それでは始めましょう。Let's get started!

場面設定：Setting the Scene

Andre and Lucas are attending アンドレとルーカスは出席しています the university reunion. 大学の同窓会に ／

Lucas　I heard 僕は聞いたよ that 次のことを Katy was coming ケイティーが来ると today. 今日 ／

Andre　If もしも I remember 僕が覚えているなら correctly, 正確に you guys were dating 君たちは付き合っていたね when 次のときに we were university students. 僕らが大学生だった ／ Are you still seeing 君たちはまだ付き合っているの？ each other お互いに now? 今も ／

Lucas　No, いや unfortunately, 残念なことに we split up 僕たちは別れたんだ a few months 2〜3か月で after our graduation. 僕らの卒業の後の ／

↳続く

続き

Andre　**I'm sorry to hear that.** それを聞いてお気の毒です ／

Lucas　**Don't be sorry.** そんなに心を痛めないで ／ It was それはあったんだ **a long time ago.** 昔のことで ／ I've **gotten over** 僕は乗り越えているよ it. それを ／
I know 僕は知っているよ you and Helen were also seeing 君とヘレンも付き合っていたことを each other お互いに **in our university days.** 僕らの大学時代に ／ **I'm not sure** 僕は確かではないんだ **if** もしも she's coming 彼女が来るかどうか today. 今日 ／

Andre　Well, ええと I haven't found 僕は発見していないんだ her 彼女を **yet.** まだ ／ I hope 僕は望むね she's coming. 彼女が来ることを ／

Lucas　I haven't seen 僕は会っていないんだ her 彼女に for a long time. 長い間 ／ Do you **keep in touch** 君は連絡を取り合っているのかい？ **with** her? 彼女と ／

Andre　**Not really.** いいえ、別に ／ Actually 実は we were **getting along** 僕らはうまくいっていた really well とても良く until my **former** company **transferred** 僕の以前の会社が転勤させるまで me 僕を to London, ロンドンへ so we decided それで、僕らは決めたんだ to **let ourselves loose.** 別れることに ／

Lucas　**Oh, my goodness.** ああ、なんてことだ ／ **You shouldn't have!** 君はするべきではなかったよ ／ You **should have** taken 君は連れていくべきだったよ her 彼女を to London, ロンドンへ and **married** そして結婚するべきだった her. 彼女と ／

Andre　Well ええと I wanted to do 僕だってしたかったさ so, そのように but でも she didn't want to. 彼女はしたくなかったんだ ／

Vocabulary & Structure Building
重要ボキャブラリー&重要構文

ここでは、Story Listening（5ステップ・リスニング）に出てきた重要なボキャブラリーと重要構文をチェックしていきます。

マスターしたら、各項目の□マークに✔を入れていきましょう！

☐ **1 reunion：再会の場**

アメリカでは、卒業生の集まりを "alumni（同窓会）" と言いますが、その集まりやパーティーのことを "reunion" と言います（27ページ13もあわせて参照）。

☐ **2 I heard that ○○：○○のことを聞きました**

☐ **3 if I remember correctly：私の記憶が正しければ**

☐ **4 be dating：付き合っている**

☐ **5 when + 主語 + 過去形：○○（主語）が、△△だったときに**

☐ **6 still：いまだに**

☐ **7 be seeing：付き合っている**

"Do you have a boyfriend?" の代わりに、"Are you seeing someone?" を使って尋ねることもよくあります。"Are you seeing ○○ ?" という表現のほうが、ダイレクトでない分、ていねいに気を遣って尋ねているんだなという印象を持たれます。

☐ **8 each other：お互いに**

☐ **9 unfortunately：残念なことに**

反対の表現である「ラッキーなことに」や「幸運にも」は、"luckily" と言います。

☐ 10 split up：別れる

「恋人同士が別れる」場合は"**break up**"や"**split up**"です。「夫婦が別れる」場合は"**separate**"か、もっとズバリ「離婚をする」という意味の"**divorce**"を使います。

☐ 11 I'm sorry to hear that.：それを聞いてお気の毒です

この場合の"I'm sorry"は、「ごめんなさい」と謝っているわけではありません。「**お気の毒に**」という意味です。

"sorry"のもともとの意味は「**心が痛む**」です。"I'm sorry to hear that."の場合は「そのお話をお伺いして、心が痛みます」から、「お気の毒に」という意味になります。「ごめんなさい」の場合も「自分が悪いことをして、『心が痛む』」という意味があるのです。また、"**You'll be sorry.**（あなたは後悔するでしょう）"は、「これから先に『心が痛む』でしょう」という意味なのです。

☐ 12 Don't be sorry.：謝らないで／そんなに気にしないで

通常は「謝らないで」の意味ですが、11でお話ししたように、"sorry"は「心が痛む」という意味ですから、このSkitの場合の"Don't be sorry."は「そんなに気にしないで」ぐらいの意味です。Skitの〈笠原訳〉は、皆さんにニュアンスをつかんでいただくために、あえて「そんなに心を痛めないで」にしてあります。

☐ 13 a long time ago：昔／ずいぶん前

☐ 14 get over：乗り越える

☐ 15 in our university days：私たちの大学時代に

☐ 16 I'm not sure if ○○：○○かどうかは、わかりません

"I don't know if ○○"と同じ意味ですが、"I'm sure"のほうが、"I don't know"よりも気遣いが感じられるため、ていねいな表現です。

☐ 17 yet：まだ（否定文）／もう（疑問文）

たとえば、"Have you seen her **yet**?（あなたは、**もう**彼女に会いましたか？）" "I haven't seen her **yet**.（私は、**まだ**彼女に会っていません）"となります。

☐ 18 keep in touch with ○○：○○と連絡を取り合っている

これを今風に言うと「つながっている」という意味になります。"**stay in touch with** ○○"も、同じ意味です。
"**get in touch with** ○○"の場合は、「○○と連絡を取り合うようになる」です。そして、"**lose touch with** ○○"は、「○○と連絡が取れなくなる」や「○○と音信不通になる」という意味になります（28ページ**17**参照）。
"Let's keep in touch!"と言うと「これからも連絡を取り合おうよ」という意味で、よく使わる表現です。

☐ 19 Not really.：いいえ、別に

☐ 20 get along with ○○／get along well with ○○：○○と仲良くやる／○○とうまくいく

これらは、両方とも人間関係がうまくいっていることを表現するために使われます。
このSkitでは "**we** were getting along really well"と、"with ○○"の代わりに "**we**"を使って「『私』と『彼女』がうまくいっている」ということを表しています。

☐ 21 former：以前の

☐ 22 transfer：転勤させる

「転勤になる」を表現する場合は、"**be transferred**"となります（91ページ**48**参照）。たとえば、「私は北海道に転勤になりました」は、"I was transferred to Hokkaido."、または"I've been to transferred to Hokkaido."と言います。

☐ 23 let ourselves loose：別れる

これは「私たちの関係をゆるめる」や「自由にする」といったような意味ですから「別れる」という意味になります。遠回しな言い方なので、ていねいな表現になります。

☐ 24 Oh, my goodness.：ああ、なんてことだ

"Oh my God."や"Oh Jesus."も同じ意味ですが、クリスチャンの方に言うと失礼に当たりますので、"God"ではなく、"goodness"を使うようにしましょう。

25 You shouldn't have!：あなたは、するべきではなかったよ

"shouldn't have"は「すべきではなかった」という意味です。
立派な、お土産やプレゼントをもらったときに「こんなにしてくれなくてもよかったのに」と伝えたいときにも"You shouldn't have!"はよく使われます。覚えておきましょう。

26 should have ○○（過去分詞）：○○すべきだったのに、しなかった

27 marry：結婚する

"marry"を使うときは、以下の点に注意してください。

① marry ○○：○○と結婚する
以下のように使われます。
Will you **marry** 結婚してくれますか？ me? 私と ／

② be married：結婚している
これは「既婚である」ことを表す表現です。「独身」を表すのは"be single"を用います。
🅐 Are you あなたはいますか？ **married**? 結婚して ／
🅑 No, いいえ I'm 私はいます single. 独身で ／ How about you? あなたはどう？ ／
🅐 I'm 私はいます **married**. 結婚して ／

③ be married to ○○：○○と結婚している
この場合に注意することは、前置詞は必ず"to"でなくてはならない、ということです。"with"ではありませんので注意してください。
Is Judy ジュディーはいますか？ **married** 結婚して **to** her math teacher. 彼女の数学の先生と ／

④ get married to ○○：○○と結婚する
この場合も、前置詞は必ず"to"です。
　She's **getting married** 彼女は結婚します **to** that gentleman. その紳士と ／

Reminicing together
思い出話

Story Listening
5ステップ・リスニング

まずは、付属CDで「Story Listening」を聴いて、高速メソッド®の要「5ステップ・リスニング」を実践してください。長いパッセージの英語を聴き取る学習をすると、「映画を字幕なしで見る能力」だけでなく、「長文を素早く読んでいく能力」のような資格試験突破に必要なComprehension能力（理解力）を飛躍的に高めることができます。

それでは始めましょう。Let's get started!

Lucas By the way, ところで how どうやって did you guys meet? 君たちは知り合ったんだい？ ／

Andre Oh, wait! おお、待ってくれよ！ ／ It was それはあったよ a long time ago. ずいぶん昔に ／ Let's forget 忘れようよ about that! それについては ／ We shouldn't talk 僕らは話すべきではないよ about that それについて now. 今は ／

Lucas Oh, come on! おお、頼むよ ／ It's それはあります our reunion, 僕らの同窓会で and we haven't seen それで、僕らはずっと会っていなかったんだ each other お互いに for a long time. 長い間 ／ We need to **catch up** 僕らは語り合う必要があるよ **with** each other. お互いに ／

Andre **Alright!** わかったよ ／ I met 僕は出会った her 彼女に at our high school **prom**. 僕たちの高校のダンスパーティーで ／ After the prom, そのダンスパーティーの後で we started dating. 僕らは付き合い始めたんだ ／
What about you? 君はどう？ ／ How どうやって did you meet 君は

↳続く

続き

出会ったんだい? Katy? ケイティーに /

Lucas We met 僕らは出会ったんだ in our **biology** class 僕らの生物学の時間に when we were 僕たちがだったときに high school students. 高校生で / The teacher was absent その先生は休みだった and there was そして、そこにはあった no **substitute teacher**, ゼロの代わりの先生が so all それで全員が of my class mates 僕のクラスメイトの were talking, 話した and suddenly, そして突然 **a friend of mine** started telling 僕の友人の一人が話し出した a **funny** story 面白い話を and he pointed そして彼は指差した to me 僕を and said そして言ったんだ "It's それはあります your turn 君の番で to tell 話をする us 僕たちに a story". 話を /

So, I **followed** それで、僕は続いたんだ after him. 彼の後に / **Somehow**, どういうわけか my story was 僕の話はあったんだ so funny とても面白く that everyone laughed そして、みんなは笑った a lot! たくさん / They told 彼らは言った me 僕に that 次のことを I was 僕があったと **the best story teller** 最高のストーリーテラーだと **ever**. 今までで /

Luckily, 運の良いことに Katy was listening ケイティーは聞いていた to me, 僕を and after the class, そして授業の後で Katy and I started talking ケイティーと僕は話し始めたんだ to each other. お互いに / Actually, 実は we **had never spoken** 僕らは一度も話したことはなかったんだ to each other お互いに before the class. その授業の前には /

Andre So now, それで今は we both are 僕らは両方ともある **bachelors** 独身で and still talking そしていまだに話している about our **ex-girlfriends**, 前の彼女について **even though** we lost touch 僕らは連絡を取らなくなっているというのに with them. 彼女たちと /

Vocabulary & Structure Building
重要ボキャブラリー&重要構文

ここでは、Story Listening（5ステップ・リスニング）に出てきた重要なボキャブラリーと重要構文をチェックしていきます。

マスターしたら、各項目の□マークに✔を入れていきましょう！

☐ **1 catch up with ○○：久しぶりに○○と語り合う／○○に追いつく**

「○○に追いつく」というのがもともとの意味で、これはスポーツ中継などでよく耳にします。会話では「久しぶりに語り合おうよ」という意味でもよく使われます。

　I want to **catch up** 私は久しぶりに語り合いたいです **with** you あなたと sometime. いつか ／

また、"catch up on ○○" と、"with" の代わりに "on" を使うと、「久しぶりに○○について語り合おうよ」という意味になります。

☐ **2 Alright!：オッケー／大丈夫／了解**

"Alright!" を "All right!" と書いても同じ意味になります。

☐ **3 prom：ダンスパーティー**

☐ **4 biology：生物学**

☐ **5 substitute teacher：代講の先生**

"substitute" は「代わりの」という意味です。日本語で言う「ピンチヒッター」のことです。

☐ **6 a friend of mine：私の友人の1人**

- [ ] **7 funny：面白い**

- [ ] **8 follow：後に続く**

"follow"は「後に続く」という意味から「従う」という意味もあります（91ページ45参照）。

- [ ] **9 somehow：どういうわけか／どうにかして**

「どういうわけか」のように、理由のはっきりしないときに使われますが、「どうにかして」と表現したい場合に使われることもあります。

- [ ] **10 the best story teller ever：今までで最高のストーリーテラー**

最上級の後に"ever"をつけて言うことがよくあります。この言い方は便利なので、皆さんも使ってみてください。

He's 彼はあります the best guitarist 最高のギター奏者で ever. 今までで／

- [ ] **11 luckily：幸いなことに／運の良いことに**

- [ ] **12 had never spoken：（過去のそのときまでは）話したことがなかった**

過去の話をしていて、「過去のそのときまでは話したことがなかった」と言うときには、このように過去完了形を使います。

- [ ] **13 bachelor：独身／学士号**

- [ ] **14 ex-○○：前の○○**

- [ ] **15 even though ○○：○○であるにもかかわらず／○○であるというのに**

Skit 4

Meeting again
再会

Story Listening
5ステップ・リスニング

　まずは、付属CDで「Story Listening」を聴いて、高速メソッド®の要「5ステップ・リスニング」を実践してください。長いパッセージの英語を聴き取る学習をすると、「映画を字幕なしで見る能力」だけでなく、「長文を素早く読んでいく能力」のような資格試験突破に必要なComprehension能力（理解力）を飛躍的に高めることができます。

　それでは始めましょう。Let's get started!

Lucas Look! 見てごらん！／ Helen's ヘレンがいるよ there. そこに ／

Andre Hey, Helen! やあ、ヘレン ／ Long time no see. 久しぶり ／

Helen Long time no see. お久しぶりです ／ It's been a long time, Andre! ご無沙汰してます、アンドレ ／

Andre What 何を have you been doing していたんだい？ since then? あれ以来 ／

Helen Well, ええと after you left あなたが出発した後で for London, ロンドンに I didn't know 私はわからなかったわ what to do, 何をしたら良いか so I left それで、私は離れました my job 私の仕事を and took a trip そして旅行をしました to Japan, 日本へ and I got そして、私は得たの a job 仕事を there, そこで and worked そして働いたわ there そこで for about six and a half years. 約6年半の間 ／ Then, それで I decided 私は決心をしました to come back 戻ってくる and study そして勉強をする for TESOL. TESOLの ／

↳続く

続き

Andre   So, それじゃ are you 君はあるの？ a student? 学生で ／

Helen   I'm 私はあります a part time student, パートタイムの学生で and **working for** そして働いています a **trading company** 貿易会社に as an **administrative assistant**. 秘書として ／

Andre   That sounds それは聞こえますね great. 素晴らしく ／ Are you **thinking** 君は考えているのかい？ **of** becoming なることを a teacher? 先生に ／

Helen   Yes. はい ／ I taught 私は教えました English 英語を while I was 私がいた間に in Japan, 日本に and そして **that changed** それは変えました me 私を **a lot**. たくさん ／ Teaching English is 英語を教えることはあります really interesting. 本当に面白く ／
How about you, Andre? あなたはどう？ アンドレ ／ What 何を have you been doing? あなたはしてきましたか？ ／

Andre   Well. ええと ／ I worked 僕は働いたよ in London ロンドンで **for almost** three **years**, 約3年間 and became そして、なりました a **branch manager** 支店長に there. そこで ／
I really liked 僕は本当に好きだった the job, その仕事が but でも **as you know**, 君も知っているように there was そこにはあったんだ a terrible **economic recession**. ひどい経済不景気が ／ My company had to **close down** 僕の会社は閉鎖しなくてはならなかった one 1つを of the three branches 3つの支店のうち in London. ロンドンの ／
Actually, 実は my branch was not closed down, 僕の支店は閉鎖させられなかった so I wasn't それで、僕はならなかった **fired**, クビには but でも I **resigned** 僕は辞めたんだ from the job. その仕事を ／

Helen   Why なぜ did you **quit** あなたは辞めたの？ the job? その仕事を ／ You **chose** あなたは選んだのに the job, その仕事を not me 私ではなく when you were transferred. あなたが転勤させられたときに ／

↪続く

続き

Andre I'm sorry ごめんね but でも **I didn't mean** 僕は意味していなかった **that.** それを ／ Although I wouldn't do 僕はしないだろうけど that そのようには now. 今なら ／ I thought 僕は考えたんだ of myself 自分自身を and **realized** そして悟ったんだ that 次のことを I was 僕はだったと **nothing but** young 若いだけで **at that time,** そのとき so それで I wanted to become 僕はなりたかった rich お金持ちに and come back そして戻ってきたかったんだ to you 君の元へ because なぜなら I was **thinking** 僕は考えていたから **about you** 君のことを **seriously.** 真剣に ／

Helen Thank you, ありがとう but でも **you should have said** あなたは言うべきだったわ that それを to me 私に at the time. そのときに ／ Anyway, とにかく it was それはあったわ a long time ago. ずいぶん前のことで ／ I'm not **blaming** 私は責めないわ you あなたを for that. そのことでは ／ But, でも what happened 何が起こったの？ after that? その後で ／

Andre It's a long story. いろいろあってね ／

Helen I'm listening. 私は聞くわよ ／

Andre You know, あのね I was 僕はあったんだ a **stock dealer,** 株の仲買人で and そして the economic **depression made** その経済恐慌はさせたんだ me really think. 僕に本当に考えることを ／ I **felt** 僕は感じたんだ **responsible** 責任を **for** my customers' **losses,** 僕のお客様の損失に and そして I wanted to do 僕はしたかった **something else.** 何かほかのことを ／ So, それで I **moved** 僕は引っ越したんだ **to** Orlando, Florida フロリダのオーランドに to start 始めるために my cafe. 僕のカフェを ／

Helen So now, それじゃ今 you're あなたはあるの？ a **shop owner** 店のオーナーで in Florida? フロリダで ／

Andre Not quite. いや、違うんだ ／ I met 僕は会ったんだ a girl ある女性に

↪続く

続き

and married そして結婚したんだ her. 彼女と ／ We decided 僕らは決めたんだ to move 引っ越すことに to Mexico メキシコに to run 経営するために a small inn. 小さな旅館を ／ But, しかし unfortunately, 残念ながら our business didn't do 僕たちの商売はしなかったんだ well. 良くは ／

Helen I'm sorry to hear that. それを聞いてお気の毒です ／

Andre That's それはあるよ OK, 大丈夫で and そして things didn't go 物事はいかなかったんだ well うまくは between us, 僕たちの間では either. 同じく ／ We got divorced. 僕たちは離婚したんだ ／ So, それで I'm 僕はあります single 独身で again! また ／

Helen You too? あなたも？ ／

Andre What? なに？ ／ Did you also marry and divorce? 君も結婚と離婚をしたのかい？ ／

Helen Yes. はい I met 私は会ったの a really nice guy 本当に良い男性に in Japan 日本で when I was teaching 私が教えていたときに English. 英語を ／ But, でも it didn't work out. それはうまくいかなかったわ ／ So, それで I'm also 私もまたあります single. 独身で ／

Andre Well, ええと Helen, ヘレン do you want to go 君は行きたいかい？ back in time? 時間を戻って ／ How どのくらい would you like 君は望みますか？ to go out 出かけるのを this weekend? 今週末に ／

Helen This weekend? 今週末？ ／ Well... ええと… ／ Let me see. ええと ／ Sure! いいわ ／ I'd love to. 喜んで ／

Andre Great! 最高だね ／ Do you remember 君は覚えている？ the Tapas bar そのタパスバーを we used to go to 僕たちがよく行った when we were seeing 僕たちが付き合っていたときに each other? お互いに ／ How about meeting 会うのはどう？ there そこで tomorrow at 5pm? 明日の午後5時に ／

Vocabulary & Structure Building
重要ボキャブラリー&重要構文

　ここでは、Story Listening（5ステップ・リスニング）に出てきた重要なボキャブラリーと重要構文をチェックしていきます。
　マスターしたら、各項目の□マークに✔を入れていきましょう！

☐ **1 What have you been doing?：あなたは何をしていましたか？**

☐ **2 since then：あのとき以来**

☐ **3 leave for ○○：○○へ向けて旅立つ**

☐ **4 leave my job：仕事を辞める**

☐ **5 take a trip to ○○：○○へ旅行をする**

☐ **6 get a job：職を得る**

☐ **7 study for ○○：○○の勉強をする／○○（資格）取得のために勉強をする**

☐ **8 TESOL：Teaching English to Speakers of Other Languagesの略**

「英語教授法」を **ELT**（English Language Teaching）と言います。その中で、「英語を母国語としない人に英語を教える資格」でよく知られているものに、**TEFL**（Teaching English as a Foreign Language）と **TESL**（Teaching English as a Second Language）、そしてこのTESOL（Teaching English to Speakers of Other Languages）があります。

☐ **9 work for ○○：○○で働く**

☐ **10 trading company：貿易会社**

☐ 11 administrative assistant：秘書

「秘書」には、"secretary"という言葉もあります。以前は皆、そのように言っていました。
しかし、英語で"secretarial work"と言った場合、電話を受けたり、コピーを取ったりという普通のオフィスワークのことを指します。そうなると**"secretary"**が「事務員」のような、専門職ではない印象に受け取られがちなので、近年では"administrative assistant"と呼ぶことが一般的になってきています。

☐ 12 think of ○○：○○を考える／○○を思いつく

"think **of** ○○"は、「○○を考える」「○○を思いつく」のように答えを求めて考えることであるのに対して、"think **about** ○○"は「○○のことを考える」、すなわち、「答えの出ないようなことに思いを巡らせている」ようなときに使われます。

☐ 13 that changed me a lot：それは私の考えを大きく変えた

自分の考え方を変えたことがあった場合には、このような言い方をします。
また、「いろいろと考えさせられた」ときには**"That made me think."**が使われます。シンプルで使える表現です。ぜひ覚えてください。

☐ 14 for almost ○○ years：約○○年間

"almost"は"nearly ○○（○○近く）"とほとんど同じ意味です。"for **almost** three years"は「ほぼ3年間」、"**nearly** three years"は「3年近く」となり、ほぼ同じ意味になります。

☐ 15 branch manager：支店長

☐ 16 as you know：君も知っているように

似ている表現に「おわかりのように（as you can see）」という言い方もあります。

☐ 17 economic recession：不景気

"**economic**"は「経済（上）の」、そして"**recession**"の意味は「後退」です。そこから「景気後退」「不景気」の意味へつながっています。

☐ **18 close down：**（お店や支店を）**閉鎖する**

「（会社が）倒産する」は "**go bankrupt**" です。

☐ **19 be fired：クビになる**

☐ **20 resign：辞める**

☐ **21 quit：辞める**

"**quit**（辞める）" と同じような意味で、同じ場面で使われますが、"**quit**" には「急に辞める」印象があるのに対して、"**resign**" は「辞表を出して辞める」という意味合いが強い言い方です。

☐ **22 chose：choose**（選ぶ）**の過去形**

過去分詞は "**chosen**" です。また、名詞形は "**choice**" です。

☐ **23 I didn't mean that：そういうつもりではなかったんだ**

☐ **24 realize：悟る／よくわかる**

☐ **25 nothing but ○○：○○だけ**

"**but ○○**" を「○○以外」と考えてください。そうすると「○○以外 nothing」すなわち「○○以外は何もない」ですから、「○○だけ」となります。つまり、"**only ○○**" と同じ意味です。

☐ **26 at that time：そのときには**

☐ **27 thinking about you：あなたのことを考えて**

前ページ **12** で触れたように、答えを求めて考えているのではなく、「you（あなた）のことを考えていた」ということです。

☐ **28 seriously：真剣に**

☐ **29 you should have said：あなたは言うべきだった**

☐ **30 anyway：とにかく**

☐ **31 blame △△（人）for ○○：△△（人）を○○のことで責める**

☐ **32 What happened after that?：あの後、何があったの？**

☐ **33 It's a long story.：話せば長くなるから／いろいろあってね**

これは、ただ「長い話」というのではなく、「話せば長くなるから」「いろいろあってね」という意味になります。

☐ **34 I'm listening.：聞くから言ってちょうだい**

"It's a long story.（いろいろあってね）" と言われたときに、その先を聞くときに言う、半ば決まり文句です。

☐ **35 you know：あのね**

「あのね」とあいづちを打つときによく使います。

☐ **36 stock dealer：株の仲買人**

☐ **37 depression：恐慌**

45ページ **17** の "economic recession" は「不景気」「景気後退」ですが、"depression" は「恐慌」、つまり「もっと深刻な不景気」のことを指します。

☐ **38 ○○ made me think：○○（というきっかけ）で、私は考えさせられました**

☐ **39 feel responsible for ○○：○○に責任を感じている**

☐ **40 loss：損失／喪失／失うこと**

金額やドルで表すような損失には、複数形の "losses" を使います。

- ☐ 41 **something else**：何かほかのこと
- ☐ 42 **move to ○○**：○○へ引っ越す
- ☐ 43 **shop owner**：店のオーナー
- ☐ 44 **run**：経営する

会話では「経営する」を表現するとき"run"を使って言うことが多くなっています。"manage"とほぼ同じ意味ですが、"run"のほうがカジュアルな言い方です。

- ☐ 45 **inn**：旅館

"bed and breakfast（宿と朝食）"、いわゆる"B&B"のような小さな宿を言います。

- ☐ 46 **do well**：良くやる／うまくいく
- ☐ 47 **things didn't go well**：うまくいかなかった
- ☐ 48 **between us**：私たちの間で
- ☐ 49 **○○ either**：○○も

肯定文の「○○も」は、文末に"too"をつけますが、否定文の場合の「○○も」は"either"をつけます。

- ☐ 50 **get divorced**：離婚する
- ☐ 51 **be single**：独身で
- ☐ 52 **didn't work out**：うまくいかなかった

"work out"は「うまくいく」です。

- ☐ 53 **go back in time**：時間をさかのぼる
- ☐ 54 **go out**：出かける

日本で「今度遊ぼうか？」と言う場合は、"go out"を使って、"Would you like

to go out?" と言います。

☐ 55 Let me see.：ええと

"Let's see." も同じで「ええと」です。

☐ 56 I'd love to.：喜んで

☐ 57 Tapas bar：タパスバー

"Tapas"は、「スペインの小皿料理」のことを言います。イギリスやアメリカの"bar"は、ふつう、お酒を飲むだけのお店が多いのですが、"Tapas bar"は、日本の居酒屋のように、「おいしいスペインの小皿料理を食べながら飲むお店」です。

☐ 58 used to ○○：かつてはよく○○したものだ

COLUMN

映画みたいにカッコよくイディオムを使おう！ ①

　「イディオム（Idiom）」とは、構成されている単語からは意味を推測しにくい、または推測できない英語のフレーズのことです。

　英語圏の映画やテレビドラマを見ていて「イディオムを英会話で使いこなしたい」と、イディオムに興味を持った方は結構多いでしょう。

　イディオムの意味は、慣例によってそのように使われていますので、単語ごとにそれぞれ意味を分析するのはナンセンスです。したがって、〈笠原訳〉でもひとかたまりにして訳します。

　それでは、よく使われるイディオムを見ていきましょう。

★ **bark up the wrong tree：**
　　見当違いなことをしている／お門違いな非難をする

　通常は"be barking up the wrong tree"と進行形で使われます。文字どおりに考えると「犬が違った木を吠えている」となります。

　このイディオムの語源は19世紀のアライグマ猟にあります。アライグマ猟の際、追い詰められたアライグマが木の上に逃げました。当然、人間と一緒に猟をしている犬は「ここにいるよ」と吠えたのですが、そのときにはすでにアライグマは隣の木に飛び移って逃げていたのです。すでに、アライグマが隣の木に飛び移っていたにもかかわらす、犬はそれに気づかずに吠え続けたというお話です。

　このことから「まったく見当違いなことをしている」「お門違いだ」などを表現したいときに使われます。

　以下の例文を見てください。

　　You're barking up the wrong tree.

　これは誤解されたとき、「あなたの言っていることはお門違いだよ」「それって、私に言うことじゃないでしょ」のようなことを言うときによく使われます。映画やドラマで、耳にする言葉ですよね。

Unit 2

ペット、動物
Pets and Animals

動物やペット、ベジタリアンについての話題

　皆さんもご存じのように、ベジタリアン（vegetarian）は、肉や魚を食べない人たちです。ベジタリアンになった人の理由は、もともとRed meat（赤み肉）が嫌いだったり、健康上の問題だったりしますが、多くの人は動物愛護の精神でベジタリアンになります。

　肉や魚を食べることは、その命を奪うことになります。ですから、ベジタリアンは、魚や肉そのものだけでなく、出汁に魚や肉が使われているものも食べることができません。海外では航空機の機内食も、事前に注文しておけばベジタリアンメニューを出す航空会社は少なくありません。

　ヴィーガン（vegan）は、さらに進んで、乳製品（dairy products）や卵など、動物が作り出すものも含めて、自分たちのために奪うことをしない、すなわち、口にしない人たちです。

　そのほかにも、海外には動物実験（experiments on animals）の反対を訴えている人たちが、日本以上に多くいます。

　これから皆さんが英語で国際的な会話をしていくにあたって、この話題に触れる機会が多くなると思います。相手を傷つけないためにも、このような人たちの背景にある考えをよく理解したうえで、話をするようにしましょう。

　このUnit 2では、ストーリーをイメージしやすくするために、Unit 1で話していた4人が引き続き登場し、これらの話題について話します。皆さんも、彼らと一緒に考え、相手の意見をしっかりと聴き、自分の意見をしっかりと話す英会話のテクニックを身につけ、知的レベルの高い英会話ができるようにしていきましょう。

Skit 1

I'm afraid of snakes!
私は蛇が怖いです

Story Listening
5ステップ・リスニング

まずは、付属CDで「Story Listening」を聴いて、高速メソッド®の要「5ステップ・リスニング」を実践してください。長いパッセージの英語を聴き取る学習をすると、「映画を字幕なしで見る能力」だけでなく、「長文を素早く読んでいく能力」のような資格試験突破に必要なComprehension能力（理解力）を飛躍的に高めることができます。

それでは始めましょう。Let's get started!

Helen It's それはあります nice and **lovely** 良くて美しく here. ここは ／ I'm feeling 私は感じています a cool **breeze**! 涼しいそよ風を ／ I like 私は好きです walking 歩くことが along the river. その川に沿って ／

Andre Yeah, ああ me too. 僕も ／ Oh, おう **watch out!** 気をつけて ／ Look 見て at the riverside! 川岸を ／ There's そこにはいるよ a snake 蛇が just by the tree. ちょうど木のそばに ／ Let's take 取りましょう that way あっちの道を to the bridge. 橋への ／

Helen Yes! はい ／ Thank you ありがとうございます for the warning. その警告に ／ **I'm afraid** 私は怖いです **of** snakes, 蛇が but でも I like 私は好きです most animals. ほとんどの動物が ／ How about you? あなたはどう？ Do you like あなたは好きですか？ animals? 動物が ／

Andre Yes, はい but でも I don't like 僕は好きじゃないな **insects**. 昆虫が ／

Helen Really? 本当？ ／ Don't you like あなたは好きじゃないのですか？ **beetles**? カブトムシが ／

↳続く

続き

Andre Not so much. それほどでも / How about you? 君はどう？ /

Helen I'm 私はあります OK 大丈夫で with insects, 昆虫には if they're not もしも、それらがないのなら harmful. 有害で /

Andre I think 僕は思うんだ most bugs are harmful. ほとんどの虫たちは有害であると / They sting or bite それらは刺すか噛みつきます other animals. ほかの動物を / Only a few bugs are ほんの少しの虫たちがあります harmless. 害がなく /

Helen Yeah, うん you're right. あなたは正しいわ / By the way, ところで are you あなたはありますか？ a dog person? 犬好き人間で /

Andre Yes, I think はい、僕は思います so. そのように / I used to have 僕はかつて飼っていました a dog 犬を when I was 僕がいたときに in Mexico, メキシコに but でも he got sick 彼は病気になって and passed away. そして亡くなりました /

Helen I'm sorry to hear that. それを聞いてお気の毒です /

Andre Thanks ありがとう for your concern. 君の気遣いに / But でも I'm sure 僕は確かです he's always 彼はいつもいると in my heart. 僕の心の中に / I also had 僕はまた飼っていました a dog 犬を when I was 僕があったときに in the first grade to eighth grade. 1年生から8年生までに / I used to have 僕はよく持っていたものです doggie treats 犬用のおやつを in my pocket 僕のポケットの中に when I walked 僕が散歩をさせたときには him. 彼を / He was allowed 彼は許されていたんだ to come into 入ることを our house 僕らの家に and must have felt そして感じていたに違いありません comfortable 心地よく with us 僕らと一緒で because なぜなら he often dozed off 彼はよく居眠りをしたから when he was watching 彼が見ていたときに TV テレビを with us. 僕らと一緒に / Do you have 君は飼っているのかい？ a pet? ペットを /

↳続く

続き

Helen Yes, はい I have 私は飼っているわ two **puppies** and a **kitten**. 2匹の子犬と1匹の子猫を ／ My pets are 私のペットはあるの so cute とてもかわいく **not only** because they are 彼らがあるというだけではなく like only six to ten months old babies たった6か月から10か月の赤ちゃんのようで **but also** they have 彼らはまた持っているから pure hearts. 純粋な心を ／
Look 見てください at these photos! これらの写真を ／ They are それらはあるのよ photos 写真で of me and them. 私と彼らの ／

Andre Wow, わあ they are 彼らはあるね so cute! とってもかわいく ／ Can I come 僕は行っても良いかな？ with you 君と一緒に when you walk 君が散歩をさせるときに your pets 君のペットたちを next time? 次回 ／

Helen Sure. いいわよ ／ You should **come over** あなたは来るべきよ to my place 私の家に and see そして会うべきよ them. 彼らと ／

Andre Thanks. ありがとう ／ I will. 僕はそうするよ ／

Vocabulary & Structure Building
重要ボキャブラリー＆重要構文

ここでは、Story Listening（5ステップ・リスニング）に出てきた重要なボキャブラリーと重要構文をチェックしていきます。

マスターしたら、各項目の□マークに✔を入れていきましょう！

☐ **1 lovely：美しい／すばらしい**

☐ **2 breeze：そよ風**

☐ **3 Watch out!：気をつけて**

これは "**Be careful!**" とほぼ同じ意味になります。

☐ **4 I'm afraid of ○○：○○が怖い**

これは"I'm scared of ○○"とほぼ同じ意味です。

☐ **5 insect：昆虫**

☐ **6 beetle：カブトムシ**

☐ **7 be OK with ○○：○○には大丈夫です**

☐ **8 harmful：有害な／害を及ぼす**

☐ **9 bug：昆虫**

これは"insect"の砕けた言い方です。

☐ **10 sting：刺す**

☐ **11 bite：嚙む／嚙みつく**

☐ **12 harmless：無害な／害がなく**

☐ **13 dog person：愛犬家**

同じような表現方法に"cat person（猫好き人間）""night person（夜型人間）""morning person（朝型人間）"などがあります。

☐ **14 pass away：亡くなる**

これは"die（死ぬ）"の丁寧な言い方です。
似ている言葉に「気を失う」や「気絶する」を意味する"pass out"という表現がありますので要注意です。「気を失う」や「気絶する」は"faint"もよく使われますので、あわせて覚えておきましょう。

☐ **15 concern：気遣い**

☐ **16 in my heart：心の中に**

TIP

"on my mind" と "in my heart"

　大切な人やペットが亡くなって、「彼はいつも私の心にある」と言うとき、英語では、場合によって言い方が違ってきます。

①悲しみから立ち直っていない場合
　忘れられずに毎日のように泣いている場合だけでなく、立直りつつある場合も含みます。つまり、「彼への思いが、自分の心の中の大部分を占めている」ような場合に "**on** my mind" を使います。

　　He's always **on** my mind.

②悲しみから立ち直っている場合
　今でも思っているけれども「彼はいつまでも私の心の中にいるさ」と「彼は私の心の中の片隅にいる」ようなニュアンスの場合は "**in** my heart" を使います。
　下記のようにBE動詞の代わりに "**stay**" や "**remain**" などに置き換えても使えます。

　　He's always **in** my heart.
　　He always **stays in** my heart.
　　He always **remains in** my heart.

　それから、悲しみから立ち直っていても、「彼のことをときどき強く思う」ようなときには、"**on and off**（ときどき）" を用いて以下のように言うと良いでしょう。

　　I think about him **on and off**.

　いかがでしょうか？　これらの表現は、単純に日本語訳では表現できませんが、中級以上の英会話力を目指すのであれば、知っておいたほうが、より中身の濃い会話ができます。
　ちなみに、「今、何を考えているの？」のように、相手の考えを聞くときには "**What's on your mind?**" という表現もよくあります。

☐ 17 **in the first grade to eighth grade：1年生から8年生までに**

アメリカでは、小学校（**elementary school**）の後、中学校（**middle school**）、高校（**high school**）へと進みます。アメリカには "junior high school" や "senior high school" という呼び名はありません。

日本では、全国的に「6・3・3年制」ですが、アメリカでは「6・2・4年制」や「5・3・4年制」などが混在しています。ですので、アメリカでの学年の数え方は、小学校（elementary school）の1年生から大学に入るまで、1年生（first grade）から12年生（twelfth grade）までの通し学年で数えます。

☐ 18 **doggie：小さい犬**

関連語として "**doggie bag**（レストランで食べ残しを入れてもらう袋）" も、日常的によく使われます。

☐ 19 **treat：おやつ**

「おごり」や「ごちそう」「楽しみ」という意味から、このSkitの場合は「おやつ」という意味になります。Halloween（ハロウィーン）で、子供たちが "**Trick or treat**（いたずらか、おやつか）" と言いながら家々を回ることを思い出して覚えましょう。

☐ 20 **walk ○○：○○（犬などの動物）を散歩させる**

「散歩をする」は "**take a walk**" ですが、「犬を散歩させる」場合は "walk ＋ 犬" でもOKです。

☐ 21 **be allowed to ○○：○○を許されている**

☐ 22 **feel comfortable：心地よく感じる／快適に感じる**

☐ 23 **doze off：居眠りする**

☐ 24 **puppy：子犬**

☐ 25 **kitten：子猫**

☐ 26 **not only ○○ but also △△：○○だけではなく、△△もまた**

☐ 27 **come over：（訪ねて）来る**

Skit 2

Animal Assisted Therapy
アニマルセラピー

Story Listening
5ステップ・リスニング

　まずは、付属CDで「Story Listening」を聴いて、高速メソッド®の要「5ステップ・リスニング」を実践してください。長いパッセージの英語を聴き取る学習をすると、「映画を字幕なしで見る能力」だけでなく、「長文を素早く読んでいく能力」のような資格試験突破に必要なComprehension能力（理解力）を飛躍的に高めることができます。
　それでは始めましょう。Let's get started!

場面設定：Setting the Scene

Lucas and Katy also met ルーカスとケイティーもまた会いました at the reunion 同窓会で **for the first time in a long time**. 久しぶりに ／ They've also **started** 彼らもまた始めました see**ing** 付き合うことを each other お互いに again 再度 since then. それ以来 ／
Now, さて they are 彼らはいます at the cafe. カフェに ／

Lucas So, Katy. それで、ケイティー ／ What 何を have you been doing? 君はしていたのかい？ ／

Katy I went 私は行きました to France フランスに to study 勉強するために **animal assisted therapy** and pet **grooming**. アニマルセラピーとペットトリミングを ／ First, はじめ I wanted to be 私はなりたかったの a **pet groomer**, ペットトリマーに but でも I was also interested 私はまた興味があったの in animal assisted therapy アニマルセラピー

↳続く

続き

に to help 手助けするために elderly people お年寄りを or または people 人々を with mental issues. 精神的な問題を抱えている ／
So, I decided それで私は決心したの to study 学習することを both 両方を of them それらの and found そして見つけたの a good school 良い学校を in Paris. パリに ／ In France, フランスでは many of the stray cats and dogs become たくさんの野良猫と野良犬はなります therapy animals, セラピーアニマルに so I've learned それで私は学んだわ that 次のことを animal assisted therapy helps アニマルセラピーが助けることを both 双方を people and stray animals. 人々と野良の動物の ／

Lucas　Wow, わあ that's それはあるね a great idea, 素晴らしいアイデアで and I think そして僕は思います you're 君があると so wonderful! とても素晴らしく ／

Katy　Thanks! ありがとう ／

Vocabulary & Structure Building
重要ボキャブラリー&重要構文

ここでは、Story Listening（5ステップ・リスニング）に出てきた重要なボキャブラリーと重要構文をチェックしていきます。
マスターしたら、各項目の□マークに✔を入れていきましょう！

□ **1 for the first time in a long time：久しぶりに**

長い間に（in a long time）初めて（for the first time）で、「久しぶり」という意味になります。「10年ぶり」なら、**for the first time** 初めて **in ten years** 10年の間で となります。

□ **2 start ○○ing：○○し始める**

60

☐ 3 animal assisted therapy：アニマルセラピー

これは、日本語で言うところの「アニマルセラピー」のことですが、「アニマルセラピー」は和製英語です。

☐ 4 grooming：身づくろい

もともとは「身づくろい」「羽づくろい」という意味の単語ですが、「(人間の)皮膚や髪などの手入れ」という意味もあります。人間に対して使う場合は"personal grooming（身づくろい）"という使い方をすることが多くなっています。

☐ 5 pet groomer：ペットトリマー

「ペットトリマー」も和製英語です。"trim"は、通常「(生け垣などを)刈り込むこと」を言います。「毛づくろいをしたり、整える」場合は"groom"です。
ちなみに、"groom"は「花婿」とか「髪の毛を整える」という意味もあります。

☐ 6 elderly people：お年寄り

"elderly"は「年配の」という意味で、"old"や"aged"よりも丁寧な言い方です。

☐ 7 stray：道に迷う／はぐれる

"stray dog（野良犬）""stray cat（野良猫）"と一緒に覚えておきましょう。

☐ 8 therapy animal：セラピーアニマル

「セラピードッグ（therapy dog）」や「癒し犬」などと言われて、近年、介護の世界で活躍する動物が増えてきていますね。

Skit 3

Being a Vegetarian
ベジタリアンであること

Story Listening
5ステップ・リスニング

　まずは、付属CDで「Story Listening」を聴いて、高速メソッド®の要「5ステップ・リスニング」を実践してください。長いパッセージの英語を聴き取る学習をすると、「映画を字幕なしで見る能力」だけでなく、「長文を素早く読んでいく能力」のような資格試験突破に必要なComprehension能力（理解力）を飛躍的に高めることができます。

　それでは始めましょう。Let's get started!

Katy	Lucas, ルーカス what's your diet like? あなたの日頃の食事は、どんな感じですか？／
Lucas	Pretty much the same ほとんど同じだよ as other people ほかの人たちと I guess. 僕は推測します ／ What about you? 君はどう？／
Katy	I'm 私はあります a vegetarian. ベジタリアンで ／ As you know, あなたも知っているように since I was 私がだったとき以来 a child 子供で I haven't eaten 私は食べてないわ red meat, 赤身肉を because なぜなら I didn't like 私は好きではなかったから the taste. その味が ／ But でも the biggest reason 一番大きな理由は why I became なぜ私がなったのか a vegetarian ベジタリアンに is あります that 次のことが I thought 私が思ったことが eating meat was 肉を食べることがあると cruel. 残酷で ／
Lucas	Yeah, うん I agree. 僕は同感だよ ／ Besides, 加えて you didn't eat 君は食べなかった meat 肉を so much それほど多くは when we were 僕たちがだったときには university students. 大学生で ／ It sounds そ

↳続く

続き

れは聞こえるね quite natural とても自然に to me 僕には that 次のことが you've become 君がなったことは a vegetarian. ベジタリアンに ／ When いつ did you become 君はなったの？ one? それに ／

Katy　I became 私はなりました a vegetarian ベジタリアンに while I was studying 私が学習していた間に pet grooming ペットトリミングを in France. フランスで ／ Right now, ちょうど今 I'm thinking 私は考えているところなの of becoming なることを a vegan, ヴィーガンに but でも I like 私は好きです **dairy products**. 乳製品が ／ So, それで it would be それはなるでしょう a little bit hard ほんの少しハードに for me. 私にとっては ／

Lucas　That sounds それは聞こえるよ like a very brave idea. とても勇敢な考えのように ／ I'm sure 僕は確かに思うよ you can be 君ならなれると a vegan, ビーガンに but でも do you really need to? 君は本当になることが必要かい？ ／

Katy　I don't know. わからないわ ／ I can **substitute** 私は代えられるわ **soy milk** or other **soy products** 豆乳やその他の大豆製品を **for** dairy products. 乳製品の代わりに ／ Maybe たぶん I just want to try 私はただ試したいだけよ it それを because なぜなら I love 私は愛しているから animals. 動物を ／

Vocabulary & Structure Building
重要ボキャブラリー&重要構文

　ここでは、Story Listening（5ステップ・リスニング）に出てきた重要なボキャブラリーと重要構文をチェックしていきます。

　マスターしたら、各項目の□マークに✔を入れていきましょう！

☐ **1 What's your diet like？：あなたの日頃の食事は、どんな感じですか？**

単独で"diet"と言った場合、日本語の「ダイエット」とは意味が違います。「日頃の食事」という意味です。"diet"という言葉を、日本語の「ダイエット」と同じ意味で使うときは、"**I'm on a diet.**（私はダイエット中です）"や"**I have to go on a diet.**（ダイエットしなくっちゃ）"のように言った場合です。

☐ **2 vegetarian：ベジタリアン**

これは、肉や魚を食べない人のことです。

☐ **3 red meat：赤身肉**

☐ **4 cruel：残酷な**

☐ **5 besides ○○：○○に加えて／○○のほかに**

以下の例文も覚えておきましょう。

　I have 私は飼っています two dogs 2匹の犬を **besides** the chihuahua. そのチワワに加えて／

TIP

besides(複数形)と beside(単数形)

"Besides ○○"は「○○に加えて」「○○のほかに」という意味ですが、最後の"s"をつけずに"beside"とすると「○○の近くに」「○○のそばに」という意味になります。

たとえば、以下のようになります。

Our house is located 私たちの家は位置しています **beside** the sea. 海の**そばに** /

"beside"は「○○の近くに」「○○のそばに」という意味ですから、逆に考えると「対象のものからは、ずれている」という意味にも取れます。そこで、以下のような使われ方もします。

That is それはあります **beside the point**. 的外れで /

"**to** the point"は「的を射ている」のですが、"beside"はいくら「近く」であっても「外れている」ことに変わりはないわけです。このように、「外れている」ことを強調して、「まったく外れている」ような場合でも"**beside the point**"と言って、「的を射てはいない」、すなわち「的外れで」とか「見当違いな」という熟語表現になるのです。

"beside oneself with ○○"という表現も大事な言い方ですので、この際、覚えておきましょう。これは、「○○で我を忘れている」「○○でおかしくなっている」「○○で逆上している」という熟語表現です。

この"beside"も「外れている」という意味で使っています。この「○○」には、"anger(怒り)""rage(怒り)""joy(喜び)"など、感情によく使われる名詞を入れます。

たとえば、以下のように使います。

He's 彼はあります **beside himself** おかしくなっている **with** anger. 怒りで /

"beside"ように、「外れている」ことを強調する言葉には、さまざまなものがあります。

たとえば、"almost"を使った表現です。"I'm almost 30."と言った場合、「私は、ほぼ30歳だ」という意味になります。つまり、「30歳ではなく、おそらく28歳か、29歳なのかな？」ということになります。"almost"の代わりに、"**nearly**"を使って"I'm **nearly** 30."と言った場合も、意味は同じです。

☐ **6 dairy products：乳製品**

「乳製品」の総称なので、通常、複数形で表します。

☐ **7 substitute ○○ for △△：○○を△△の代わりに用いる／○○を△△の代わりに使う／○○に△△の代理をさせる**

"substitute"を形容詞として使った場合は、「代わりの」「代用の」という意味になり、"substitute teacher"で「代理の先生」「代用教員」「代講の先生」となります（38ページ**5**参照）。

☐ **8 soy milk：豆乳**

☐ **9 soy product：大豆製品**

Skit 4

Responsibilities of Animal Owners
飼い主の責任

Story Listening
5ステップ・リスニング

　まずは、付属CDで「Story Listening」を聴いて、高速メソッド®の要「5ステップ・リスニング」を実践してください。長いパッセージの英語を聴き取る学習をすると、「映画を字幕なしで見る能力」だけでなく、「長文を素早く読んでいく能力」のような資格試験突破に必要なComprehension能力（理解力）を飛躍的に高めることができます。
　それでは始めましょう。Let's get started!

Katy　By the way, ところで I have 私は飼っているの two dogs and a rabbit. 2匹の犬と1匹のウサギを ／ Do you have あなたは飼っている？ a pet? ペットを ／

Lucas　No, ううん I don't have 僕は飼っていないよ a pet. ペットを ／

Katy　Have you thought あなたは考えたことはある？ of having 飼うことを a pet? ペットを ／

Lucas　Yes, I have. はい、あります ／ I used to have 僕はかつて飼っていたんだ a cat, 猫を but she died でも彼女は死んでしまったんだ when I was 僕がだったときに in the seventh grade. 7年生で ／

Katy　Oh, I'm sorry. ああ、お気の毒に ／

Lucas　You know, あのね a pet's **lifespan** is 1匹のペットの寿命はあります shorter より短く than ours. 僕らのよりも ／ In most cases ほとんどの場合 they die 彼らは死にます before their owners, 彼らの飼い主

↳続く

続き

よりも前に and it should be そして、それはあるべきです so そのように because なぜなら if their owner dies もしも、彼らの飼い主が死んだとしたら before them, 彼らより前に they'll be sad 彼らは悲しむでしょう and what's more そして、そのうえさらに they'll have big trouble 彼らは大きな問題を持つでしょう finding 見つけることの a new owner 新しい飼い主を to look after them. 彼らを世話する ／
I think 僕は思うんだ having 飼うことは a pet ペットを requires 必要とすると a lot of responsibilities! たくさんの責任を ／ So それで I can't think 僕は考えられないんだ of having 飼うことを one それを now, 今 not because I think 僕が思うからではなくて it's a pain in the neck めんどうくさいと but because I'm just too sensitive 僕がただ繊細すぎるからであると about their lives. 彼ら（ペットたち）の命について ／ I don't want to see 僕は見たくない them die. 彼らが死ぬのを ／
Just out of curiosity, ただの好奇心からだけれども how どのように did you get involved with 君はかかわっていったのかい？ something to do with pets? ペットに関することに ／

Katy It's それはあります a good question. 良い質問で ／ I studied 私は学びました French literature フランス文学を at university, 大学で but でも it didn't give それは与えてくれませんでした me 私に the answer 答えを to what 何を I should do 私がするべきかということに対する in the future. 将来 ／ I wasn't interested 私は興味がなかったの in it それに so much. それほど多くは ／ And furthermore, そしてそのうえ ever since I was 私がだったとき以来ずっと a child 子供で I always loved 私はいつも愛していました animals, 動物を so it was それで、それはありました quite natural まったく自然で to me 私には when I chose 私が選んだときには this way. この道を ／

Vocabulary & Structure Building
重要ボキャブラリー&重要構文

ここでは、Story Listening（5ステップ・リスニング）に出てきた重要なボキャブラリーと重要構文をチェックしていきます。
マスターしたら、各項目の□マークに✔を入れていきましょう！

☐ **1 lifespan：寿命**

"lifespan"は"length of life"、すなわち「人生の長さ」という意味です。

　The average **lifespan** 平均寿命は for a dog 1匹の犬の is あります eleven years. 11年で／

"lifespan"の類似の言葉に"lifetime"があります。この言葉にも「寿命」や「存続期間」という意味がありますが、"**lifetime**"は、通常「一生」「生涯」「終生」という意味で使われます。ですので、"lifespan"は「寿命」、"lifetime"は「生涯」と覚えておきましょう。
"lifetime"の代表的な表現に"**lifetime employment**（終身雇用寿命）"があります。これもあわせて覚えておきましょう。

☐ **2 what's more：そのうえさらに**

☐ **3 look after ○○：○○の世話をする**

これは"**take care of** ○○"と同じ意味です。このときに"**take after**"とすると「似ている」となり、意味が異なってしまいますので要注意です。ちなみに、「似ている」を表現したいときには、"**resemble**"もよく使われます。

☐ **4 not ○○ but △△：○○ではなく、△△である**

☐ **5 not because ○○ but because △△：○○だからではなく、△△だからである**

☐ 6 it's a pain in the neck：めんどうくさい

「めんどうくさい」と言いたいときに"troublesome"を使う人がいます。間違いではありませんが、一般的な会話で「めんどうくさい」と言うときは"**It's a pain.**"や"It's a pain in the neck."を使います。

☐ 7 sensitive：繊細な

「繊細な」を表現するときに"naive"と言っている人を見かけることがありますが、"**naive**"は「世間知らずの」「馬鹿な」という意味です。気をつけましょう。

☐ 8 see them die：死ぬのを見る

"see them die"のように、"see"や"hear"の知覚動詞を使う場合、「知覚動詞＋目的語＋原型不定詞」という形になり、"die"の前に"to"がつかない不定詞を用います。

☐ 9 out of curiosity：好奇心から

☐ 10 get involved with ○○：○○に巻き込まれる／○○にかかわる

☐ 11 something to do with ○○：○○に関係のあること

「○○に関係のあること」と伝えたいときに"related to ○○"と言う人を見かけることがありますが、"something to do with ○○"が正しい言い方になります。

☐ 12 literature：文学

☐ 13 furthermore：そのうえ／さらに

☐ 14 ever since ○○：○○以来ずっと

☐ 15 quite ○○：まったく○○な

Skit 5

Food Cultures of the World
世界の食文化

Story Listening
5ステップ・リスニング

まずは、付属CDで「Story Listening」を聴いて、高速メソッド®の要「5ステップ・リスニング」を実践してください。長いパッセージの英語を聴き取る学習をすると、「映画を字幕なしで見る能力」だけでなく、「長文を素早く読んでいく能力」のような資格試験突破に必要なComprehension能力（理解力）を飛躍的に高めることができます。

それでは始めましょう。Let's get started!

Lucas This is ここはあるんだ the new restaurant 新しいレストランで that opened それは開店したんだ last month. 先月に ／ The food 料理は here ここでの is あります really great. 本当に素晴らしく ／ It's only been それはただあり続けているんだ a month, 1か月だけ but でも I've eaten 僕は食べたんだ here ここで four or five times. 4回か5回 ／ I'm sure 僕は確信しているよ you'll love 君がとても好きになることを it! それを ／

Andre Sounds good. 良さそうだね ／ **Since** I was 僕があったから away 離れて for a long time, 長い間 this town **seems to have** changed この町は変わってしまったようだね a lot. たくさん ／ What 何を do you **recommend**? 君は勧める？ ／

Lucas Well, うーん my **favorite** is 僕の一番好きなのはあるんだ kangaroo steak. カンガルーステーキで ／

Andre What? なに？ ／ Eating 食べることは kangaroo カンガルーを is あります a **terrible** idea. ひどいアイデアで ／ That sounds それは聞こえ

↳ 続く

続き

るよ cruel 残酷に to me. 僕には ／

Lucas　What's wrong 何が間違っているんだい？ with it? それについて ／ **I mean** 僕は意味している what's wrong 何が間違っているんだい with eating 食べることが different kinds of animals? 違った種類の動物を ／ You and I eat 君と僕は食べます pigs, chickens and cows. 豚、鳥、そして牛を ／ Did you know 君は知っていたかい？ that 次のことを in some countries, いくつかの国では eating 食べることは pigs 豚を is あります wrong? 間違いで ／ And some **people** eat そして、いくつかの民族は食べるんだ horses, whales, sharks, snakes, cats and dogs. 馬、クジラ、サメ、ヘビ、猫、そして犬を ／ All kinds of animals are eaten すべての種類の動物は食べられているんだ in the world. 世界中で ／

Andre　It all seems それはすべて感じます very **weird** とても奇妙に to me. 僕には ／ You know, あのね some animals are いくつかの動物はあります our pets, 僕らのペットで like cats, dogs and horses. 猫、犬、そして馬のように ／ They're 彼らはあります our friends. 僕らの友人で ／ I **would never** eat 僕は決して食べないだろう them. 彼らを ／

Vocabulary & Structure Building
重要ボキャブラリー&重要構文

ここでは、Story Listening（5ステップ・リスニング）に出てきた重要なボキャブラリーと重要構文をチェックしていきます。

マスターしたら、各項目の□マークに✔を入れていきましょう！

□　**1 since ○○：○○だから**

このSkitの場合の"since"は、「○○以来」ではなく「○○だから」という意味になります。「○○だから」という言葉を文頭に持ってくる場合、"because"よりも"since"のほうが丁寧な印象を与えます。

特に論文などの場合は、文頭に"because"や"but"は使いません。"but"の場合

は代わりに"**however**（しかしながら）"を使ったりします。

☐ **2 seems to have ○○（過去分詞）：○○したようだ**

☐ **3 recommend：勧める**

☐ **4 favorite：一番好きな**

"favorite"は「お気に入り」という意味では使いません。

☐ **5 terrible：ひどい**

☐ **6 I mean：私は意味している**

この表現は、自分の言いたいことを誤解されないように伝えるときによく用いられます。

☐ **7 people：民族**

このSkitでの"people"は、「民族」という意味で使っています。

☐ **8 weird：変な／奇妙な**

これは"strange"と同じ意味です。

☐ **9 would never ○○：けっして○○しないだろう**

COLUMN

映画みたいにカッコよくイディオムを使おう！②

50ページに続いて、ここでもイディオムを取り上げていきましょう。

★ bite the bullet and do it：勇気を出してやってみなさい

「鉄砲の弾（bullet）を噛め」とは、いったいどういうことでしょうか？ これにも物語があります。19世紀の戦場において、外科医たちは麻酔なしで手術をしなくてはなりませんでした。そのとき、患者には一発の弾丸が与えられ、それを強く噛むように指示したということです。もちろん、麻酔のない手術の痛みに耐えるためです。

以来、"bite the bullet" は「（するべきことを躊躇しているときに）勇気を出して思い切って決断をする」という意味で用いられています。こんなふうに言います。

Don't be nervous, 緊張しないで just ただ bite the bullet 思い切って決断をしてください and そして do it. やってごらんなさい ／

★ piece of cake：とっても簡単／朝飯前

日本語で「とても簡単だ」という意味の「朝飯前」と、この表現は同じ意味です。それでは、なぜ英語では "piece of cake" なのでしょうか？

19世紀から20世紀の初頭にかけて、アフリカ系のアメリカ人たちは "cake walks" という、男女がペアになってケーキの周りを歩いたりダンスをしたりする遊びを始めます。そして、そのゲームの勝者には、そのケーキがプレゼントされるというものです。

このゲームに勝つことが簡単だったので、それが語源となって "piece of cake" と "cake walks" は「とっても簡単」「朝飯前」という意味になったのです。

A： Are you sure 確かですか？ you can do あなたができるというのは it? それを ／

B： Sure. うん ／ It's それはあるよ a piece of cake. とっても簡単で ／

Unit 3

健康
Health

健康診断の話題での長文英会話

　健康に関する話題は、日本でも海外でも多く取り上げられるテーマですが、「ボキャブラリーが難しくついていけない」と思っている方も多いのではないでしょうか？

　また、医療（医学・薬学）の分野で、日本で広く使われているカタカナ外来語は、ドイツ語やオランダ語がベースになっている言葉が多いので、そのまま伝えようとしてもわかってもらえない単語が多くあります。

　そこで、カタカナだけれども英語ではない言葉の例をいくつかあげてみましょう。

　　①ワクチン　　　→　vaccine（ヴァクスィン）
　　②ウィルス　　　→　virus（ヴァイラス）
　　③カルテ　　　　→　「カルテ」はドイツ語でカードのことですが、医療現場では「患者の臨床記録」ということになりますので"patient's clinical record card"、または単に"medical record"となります。
　　④ギブス　　　　→　cast ／ plaster
　　⑤クランケ　　　→　patient
　　⑥アレルギー　　→　allergy（アレジー）
　　⑦メス　　　　　→　scalpel

　また、「ペニシリン（penicillin）」のように、英語をカタカナに置き換えている言葉もあります。このUnitをもとに学び、その後は実際に使いながら覚えていきましょう。

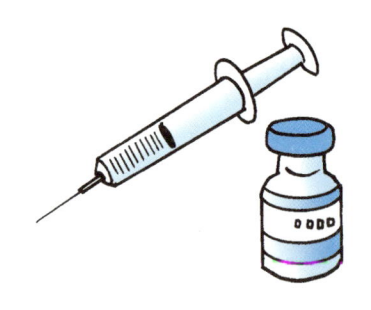

Skit 1

Medical Checkup
健康診断

Story Listening
5ステップ・リスニング

まずは、付属CDで「Story Listening」を聴いて、高速メソッド®の要「5ステップ・リスニング」を実践してください。長いパッセージの英語を聴き取る学習をすると、「映画を字幕なしで見る能力」だけでなく、「長文を素早く読んでいく能力」のような資格試験突破に必要なComprehension能力（理解力）を飛躍的に高めることができます。

それでは始めましょう。Let's get started!

Amanda Did you get あなたは得ましたか？ the **results** 結果を of your **physical checkup**? あなたの健康診断の ／ We are **worried** 私たちは心配しています **about** you あなたのことを because なぜなら you seem under a lot of pressure. あなたは多くのプレッシャーを受けているようだから ／ What's 何ですか？ the result 結果は of your **medical checkup**? あなたの健康診断の ／

Ben Actually, 実は the results weren't 結果はなかったんです very good. あまり良くは ／ First of all, まず第一に my **blood pressure** is 僕の血圧はあります a little bit too high, 少し高すぎて so the doctor told それでその医者は言ったんだ me 僕に that 次のことを I should **cut down** 僕は減らすべきであると **on** foods 食べ物を that are そしてそれらはある high 高く in **sodium**. 塩分において ／ Then, それから my **body fat ratio** and **blood sugar level** are 僕の体脂肪率と血糖値はあります both also 両方ともまた too high. 高すぎて ／

Lucina Did the doctor say そのお医者さんは言いましたか？ that 次のことを you had あなたは持っていると **diabetes**? 糖尿病を ／

↳続く

続き

Ben Not right now, ただちにではないです but でも he **was** very **concerned** 彼はとても心配していたんだ about it, それについて so それだから I have to be 僕はならないといけない very careful. とても注意深く ／ Maybe たぶん I need 僕は必要です to start 始めることが a **low-carbohydrate diet**. 低炭水化物ダイエットを ／

Bob It is often said それはしばしば言われているよね that 次のことが diabetes can be **treated** 糖尿病は治療されることができると but でも not **cured**. 治らないと ／ So, それで it's それはあります actually 実は **incurable**. 治らない ／ I think 僕は思うんだ you should eat 君は食べるべきだと less sugar and **carbohydrates**. より少ない糖分と炭水化物を ／ But actually, でも、実は I think 僕は思うんだ **we are in the same boat**. 僕らは同じ境遇であると ／ I have to **have** 僕はしてもらわないといけない my stomach 僕の胃を **examined**. 検査して ／

Ben Are you going to take 君は撮るのかい？ a stomach **X-ray** 胃のレントゲンを again? また ／

Bob No. いいえ ／ It's それはあるんだ actually 実は a **gastro camera**. 胃カメラで ／
It's also called それはまた呼ばれているんだ a **gastro fiberscope**. 内視鏡と ／ I'm afraid 僕は恐れているんだ because なぜなら I've heard 僕は聞いています it's それがあると difficult 難しいと to **swallow** 飲み込むことが the camera. そのカメラを ／ To me, 僕にとっては even swallowing 飲み込むことでさえ **barium** バリウムを was very difficult. とても難しかった ／ But でも the doctor said その医者は言ったんだ there might be そこにはあるかもしれないと some **polyps** いくつかのポリープが in my stomach, 僕の胃に so I've got to do それで、僕はしなくてはならない that. それを ／

Amanda There are そこにはあるわ two kinds of polyps, 2種類のポリープが **benign** and **malignant**. 良性と悪性が ／ You'll know あなたは知るでしょう after the **pathological examination** 病理検査の後で if

↳続く

続き

the polyps are ポリープがあるかどうかを harmful or harmless. 有害か無害かを／

Ben　I think 僕は思う it's それがあると best 一番で to eliminate 取り除くことが them それらを no matter 関係なく what they are. それらが何であっても／

Amanda　But, でも don't worry! 心配しないで／ The operation will be その手術はあるでしょう so easy, とても簡単で it's called それは呼ばれています endoscopic surgery. 内視鏡手術と／ The surgeon gets rid その外科医は取り除きます of polyps ポリープを by using 使うことによって a scalpel メスを attached 取り付けられている to the gastro camera. 胃カメラに／

Bob　Now, 今 I'm relieved. 僕は安心したよ／ Thanks, guys! ありがとうみんな／

Vocabulary & Structure Building
重要ボキャブラリー＆重要構文

ここでは、Story Listening（5ステップ・リスニング）に出てきた重要なボキャブラリーと重要構文をチェックしていきます。
マスターしたら、各項目の□マークに✔を入れていきましょう！

☐ **1 result：結果**

☐ **2 physical checkup：健康診断**

アメリカやイギリスでは、「健康診断」を下記のようなさまざまな言い方をします。
yearly checkup ／ annual checkup ／ a physical ／ annual physical

☐ **3 worry about ○○：○○を心配している**

☐ **4 medical checkup：健康診断**

前ページの2と同じ意味です。

☐ **5 blood pressure：血圧**

☐ **6 cut down on ○○：○○を減らす**

☐ **7 sodium：ナトリウム／塩分**

塩分を抑えた食事療法を英米では、"low sodium diet（低ナトリウムダイエット）"と言います。
ちなみに、英米では「塩分＝sodium」と解釈していますが、日本では「塩分＝塩化ナトリウム＝sodium nitrate」と解釈しています。そのため、アメリカで"low sodium diet"をするときには、日本でのおよそ半分のsodium（塩分）量の表示になります。十分気をつけましょう。

☐ **8 body fat ratio：体脂肪率**

☐ **9 blood sugar level：血糖値**

☐ **10 diabetes：糖尿病**

☐ **11 be concerned about ○○：○○を心配している**

☐ **12 low-carbohydrate diet：低炭水化物ダイエット**

日本で「糖質制限ダイエット」と呼ばれているものも同じです。

☐ **13 treat：治療する**

"treat ○○（人）with △△（薬や方法）"という構文もよく使われ、「○○を△△で治療する」という意味です。
また、"treat"には「おごる」や「ごちそうする」という意味や、この意味から転じて「おやつ」という意味でも使われます（58ページ19参照）。

☐ **14 cure：治す**

☐ **15 incurable：治らない／不治の**

「不治の病」は "incurable disease" と言います。

☐ **16 carbohydrate：炭水化物**

☐ **17 we are in the same boat：私たちは同じ境遇にいる**

これは「私たちは同じ境遇にいる」という意味のイディオムです。

☐ **18 have ○○（目的語＋過去分詞）：○○してもらう**

このSkitの場合、"have my stomach examined" ですから、「私の胃を検査してもらう」という意味になります。
英語では、日本語よりも「誰がするのか？」ということに対して厳密になります。たとえば、日本語の「私は髪の毛を切りました」を表現したいとき、大半の場合「自分で切った」のではなく、「理容師や美容師に切ってもらった」わけですから、"I had my hair cut." や "I got my hair cut." と言います。直訳すれば「私は髪を切ってもらった」となります。

☐ **19 examine：検査をする**

☐ **20 X-ray：レントゲン**

☐ **21 gastro camera：胃カメラ**

☐ **22 gastro fiberscope：内視鏡**

☐ **23 swallow：飲み込む**

☐ **24 barium：バリウム**

☐ **25 polyp：ポリープ**

☐ **26 benign：良性の**

☐ **27 malignant：悪性の**

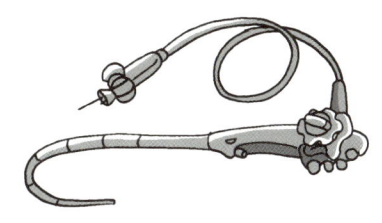

☐ ㉘ **pathological examination：病理検査**

☐ ㉙ **eliminate：取り除く**

これは㉝で紹介する "get rid of" と同じ意味です。

☐ ㉚ **no matter what ○○：○○が何であっても**

☐ ㉛ **operation：手術**

「手術」を表す言葉には "**surgery**" もあります。

☐ ㉜ **endoscopic surgery：内視鏡手術**

☐ ㉝ **get rid of ○○：○○を取り除く**

これは㉙に出てきた "eliminate" と同じ意味です。

☐ ㉞ **scalpel：メス**

日本語の「メス」は、オランダ語の "mes" からきています。「メス」を表現する言葉は "scalpel" のほかに、「外科手術用のナイフ」ということから "**surgical knife**" とも言います。

☐ ㉟ **attach to ○○：○○に取り付ける**

"be attached to ○○" は、この表現の受動態で「○○に取り付けられている」という意味になります。

☐ ㊱ **be relieved：安心する**

Unit 4

ビジネス
Business

親会社の経営トップの方針についての長文英会話

　ひと口に「ビジネス英語」と言っても、それぞれの業種によって、扱われるボキャブラリーは大幅に異なってきます。業界独特の話題についてのボキャブラリーは、皆さん、仕事を通じてよく知っていらっしゃるのではないでしょうか？

　そこで、ここではビジネス英語に共通の話題となりそうなものを取り上げました。「会社組織」や「マネージメント」に関する話題です。これらは、TOEIC©TESTにもよく出題されますし、また国際的な会社で社員同士が国境を越えてよく話題にします。

　このUnitで、まずはビジネス英会話の共通の話題から学んでください。

　ちなみに本書では特別に「Bonus Cuts（ボーナストラック）」として、特に営業パーソンに必要なビジネス英会話も用意していますので、あわせて学習してください（169ページ参照）。

　「ビジネス英語」は奥が深い分野ですから、さらに学習を進めたい方、系統的にビジネス英語を学習したい方は、拙著『英語高速メソッド® ビジネス英会話集』で学習してください。

Skit 1

New CEO's Revival Plan
新CEOの会社再生計画

Story Listening
5ステップ・リスニング

まずは、付属CDで「Story Listening」を聴いて、高速メソッド®の要「5ステップ・リスニング」を実践してください。長いパッセージの英語を聴き取る学習をすると、「映画を字幕なしで見る能力」だけでなく、「長文を素早く読んでいく能力」のような資格試験突破に必要なComprehension能力（理解力）を飛躍的に高めることができます。

それでは始めましょう。Let's get started!

Amanda Did you know あなたは知っていますか？ that 次のことを we're going to have 私たちが持つことを a new CEO 新しい最高経営責任者を from our holding company? 私たちの親会社から／ I wonder 私は疑問に思っています what his revival plan 彼の再生計画が for this company この会社のための will be like. どのようなものであるのかを／

Lucina In this newsletter, この社報には it says それは言っています that 次のことを he's going to decrease 彼は減らすだろうと the number その数を of the assembly lines. 組み立て生産ラインの／ In other words, 言い換えれば he's planning 彼は計画しているところです to cut back 削減することを workers. 従業員たちを／ I think 私は思います some of our factories いくらかのわが社の工場が or または even branch offices 支店でさえ have already been scheduled すでに計画されていると to be closed down. 閉鎖されることが／

Bob Wait 待って a moment. 一瞬／ I heard 僕は聞いたよ that 次のことを he changed 彼が変えたと his mind. 彼の気持ちを／

↳続く

続き

Obviously, 明らかに he doesn't want to **lay off** 彼は解雇をしたくない any workers, どんな従業員でも does he? 彼はそうだよね ／

Ben Yeah. ああ ／ I heard 僕は聞いたよ that too. それをまた ／ **What's his new plan like?** 彼の新しい計画はどんな感じだい？ ／

Bob Well, ええと actually, 実は he's got 彼は持っているんだ a really **constructive plan** 実に建設的な計画を to **remove** 取り去るための the most **toxic elements** もっとも有害な要素 in this company's **structure.** この会社の構造の ／ He clearly said 彼ははっきりと言ったんだ that 次のことを the **previous** CEO and **board members** caused 前CEOと役員たちがもたらしたと the present **critical** situations. 現在の危機的な状況を ／ The worst problem 最悪の問題は that それを they've caused 彼らがもたらしてしまった is a **colluding** problem. なあなあの（なれ合いの）問題です ／

Amanda **What sort of** colluding is どんな種類のなれ合いですか？ that? それは ／

Bob It's それはあるんだ a sort of **collusion** ある種の共謀で **between** the **managerial section** of this company, the banks **and suppliers**. この会社の経営部門、銀行、そして部品メーカーの間の ／ It leads それは導いたんだ to the **evasion** 逃れることを **of their responsibility.** 彼らの責任から ／

Ben **According to** his view, 彼の見方によれば it's not それはない because of the workers 従業員のせいでは but しかし because of the managerial section 経営陣のせいであると of our company. 僕らの会社の ／

Lucina Oh, then. ああ、それじゃ ／ It's それはあります surely **unfair** 実に不公平で if もしも they just **fire** 彼らが、ただクビにするのであれば workers 従業員を to **compensate** 埋め合わせるために **for** the loss 損失を that それは they've made. 彼らが作ってしまった ／

↪続く

続き

Bob That's それはあります exactly まさに what he says. 彼が言っていることで / He says 彼は言っている it's not それはないと the **employees' fault**. 従業員の過ちでは /

Ben Do you mean 君は意味しているのかい？ it's それはあると the **fault** 過ちで of our **management**? 僕たちの経営陣の /

Bob That's what I heard. 僕はそう聞いているよ /

Ben It's always それはいつもあるね easy 簡単で to **criticize** 批判をすることは others. 他人を / Especially, 特に for us 僕らにとっては to criticize 批判することは the managers マネージャーたちを is so much easier さらにもっと簡単なことです than to talk 話すことよりも about the faults 欠点について on our side. 僕たちの側の / Now, 今 we also have to think of 僕らもまた考えなくてはならない what we should do 僕らが何をするべきなのかを now. 今 /

Bob I think 僕は思う we should **follow** 僕らは従うべきであると his new revival plan 彼の新しい再生計画に to **regenerate** 再生するための our company. 僕らの会社を / **As you can see**, 君たちにもわかるように he **was transferred** 彼は転勤させられてきた from our **parent company** 僕たちの親会社から **in order to solve** 解決するために the **corruption**. その腐敗を / It means それは意味しているんだ if もしも it doesn't **work out**, それがうまくいかなかったら our holding company will have to look for 僕たちの親会社（持ち株会社）は、探さなくてはならなくなるであろうと a company 会社を that will **purchase** or **merge** with それが買うか合併する **our company**. 僕たちの会社を /

Amanda That sounds それは聞こえます very serious! とても深刻に /

Vocabulary & Structure Building
重要ボキャブラリー&重要構文

ここでは、Story Listening（5ステップ・リスニング）に出てきた重要なボキャブラリーと重要構文をチェックしていきます。

マスターしたら、各項目の□マークに✔を入れていきましょう！

☐ **1 CEO：最高経営責任者**

"Chief Executive Officer"の頭文字を取ったもので、「最高経営責任者」が日本語訳になります。ちなみに、**COO**は"Chief Operating Officer"、または"Chief Operations Officer"の略で「最高執行役員」という意味になります。

☐ **2 holding company：親会社／持ち株会社**

☐ **3 I wonder：どうだろう／どうかな／疑問に思う**

☐ **4 what ○○ will be like：○○はどんなものだろうか**

☐ **5 revival plan：再生計画**

☐ **6 newsletter：社報／会報**

☐ **7 decrease：減らす**

☐ **8 assembly lines：組み立て生産ライン／（大量）生産のライン**

"**assembly**"は、人が集まる「集会」を意味する言葉で、そこからビジネスの世界では「組み立て」という意味でよく使われます。組み立てるのは、「部品を『集めて』組み立てる」とイメージすれば、覚えやすいでしょう。

☐ **9 in other words：言い換えると**

☐ **10 be planning to ○○：○○する計画をしている**

☐ **11 cut back：低下させる／減少させる／削減する**

もともと"cut back"は「（木の枝を）刈り込む」という意味です。木を刈り込む

と小さくなるので、そこから転じて「低下させる」「減少させる」「削減する」という意味に派生していきます。覚えておきましょう。

☐ **12 factory：工場**

☐ **13 even ○○：○○でさえ**

☐ **14 branch office：支店**

"**branch**"には「枝」という意味があります。木の「大きな幹＝本社、本店」を表し、その木の「枝＝支社」という考えです。そのため"**branch**"だけでも「支店」を表すこともあります。

☐ **15 be scheduled to ○○：○○することが計画される**

"**schedule**"は、名詞で「計画」、動詞で「計画する」となります。

☐ **16 be closed down：閉鎖される**

会社が「倒産する」は"**go bankrupt**"ですが、「支店がつぶれる」場合は"**close down**"と言います。

☐ **17 wait a moment：ちょっと待って**

この表現は、ほかに"**wait a second**"とも言います。フォーマルの場では"**just a moment, please**（少しお待ちください）"がよく使われます。

☐ **18 change one's mind：○○の気持ちを変える／○○の気が変わる**

☐ **19 obviously：明らかに**

これは"**apparently**"とも言います。

☐ **20 lay off：解雇する**

これは、工場などを閉鎖するときの「解雇する」という意味です。

☐ 21 What's ○○ like?：○○は、どんな感じですか？

☐ 22 constructive plan：建設的な計画

☐ 23 remove：取り去る

☐ 24 toxic：有毒な

日本でも、最近よく耳にする「detox（デトックス）」、すなわち「解毒（する）」ですが、"toxic"はその関連語で「有毒な」という意味です。別の単語で言えば"poisonous（有毒な）"ですが、この単語は"harmful（害を与える／有害な）"と同じ意味も持っています。
また、同じ意味の単語にもう1つ、"noxious（有害な／退廃的な／不健全な）"がありますが、こちらは空気中（in the air）の"fume(s)（毒気／煙霧）"や"gases（ガス類）"に使われることのほうが多い単語だと覚えておきましょう。

☐ 25 element：要素

☐ 26 structure：構造

☐ 27 previous：前の／以前の

☐ 28 board member：取締役／会社役員

この表現は「理事会のメンバー」を指すこともあります。

☐ 29 critical：危機的な

☐ 30 colluding：なあなあの／なれ合いの

☐ 31 what sort of ○○?：どんな種類の○○

これは"what kind of ○○?"と同じ意味です。

☐ 32 collusion between ○○ and △△：○○と△△と共謀して／○○と△△となれ合いで

この表現は"interdependence（相互依存）"に置き換えることもできます。

- ☐ 33 managerial section：経営部門
- ☐ 34 supplier：部品メーカー
- ☐ 35 evasion of one's responsibility：○○の責任から逃れる
- ☐ 36 according to ○○：○○によると
- ☐ 37 unfair：不公平な
- ☐ 38 fire：クビにする
- ☐ 39 compensate for ○○：○○を補う／○○の埋め合わせをする
- ☐ 40 employee：従業員

これは「雇われている人」という意味で、反対に「雇っている人」は "employer" です。

- ☐ 41 fault：欠点／欠陥／間違い
- ☐ 42 management：経営／管理／経営者たち／経営陣
- ☐ 43 That's what I heard.：私はそう聞いているよ

この表現は、自分の意見ではなく、「ただそう聞いているよ」と言うときによく使われます。

- ☐ 44 criticize：批判する
- ☐ 45 follow：従う／ついていく
- ☐ 46 regenerate：再生する
- ☐ 47 as you can see：おわかりのように
- ☐ 48 be transferred：転勤させられる
- ☐ 49 parent company：親会社

- ☐ 50 in order to ○○：○○するために
- ☐ 51 solve：解決する
- ☐ 52 corruption：腐敗／堕落
- ☐ 53 work out：うまくいく／解決する
- ☐ 54 purchase：購入する
- ☐ 55 merge：合併する
- ☐ 56 our company：私たちの会社

COLUMN

映画みたいにカッコよくイディオムを使おう！③

50ページ、74ページに続いて、再びイディオムを見てみましょう。

★ fair weather friend：良いときだけの友だち

直訳すると「晴天のときの友だち」です。自分にとって都合の良いときにのみ友だちで、相手が困ったときには他人のようになる人のことを言います。

He's 彼はあります a **fair weather friend**. 良いときだけの友だちで ／ You can't count on あなたは、あてにできない him. 彼を ／

★ calling someone's bluff：ウソはやめて、本当のことを言いなさい

"bluff" とは、どういう意味でしょうか？　これは「ハッタリのウソ」「虚勢」「からいばり」などという意味です。ですから、たとえば、"He's bluffing." は「彼は虚勢を張っている」です。虚勢を張っている人に、「本当のことを言ってごらん」と言うときには "I'm **calling your bluff**." です。覚えておきましょう。

Unit 5

教育
Education

教育を語り合う英会話

今回のテーマは「教育：Education」です。

「教育」というテーマは、小さい頃から学校で学んできた私たちにとって、大変身近な分野であると言えます。そのため、このUnitの英会話は学びやすいと思います。

また、「教育」はとても重要な事柄です。日本だけではなく、世界中のあらゆる国にとって大変関心の高い分野です。

ですから、資格試験や入学試験で、頻繁に出題される分野として教育が取り上げられています。

このUnitでは、この教育分野の英文を身につけるために必要なボキャブラリーを「高速メソッド®」を使って、英語の語順で、高速で学習していきます。

教育のテーマは、資格試験や入学試験などでよく出題される分野ですから、このUnitではあえて長いパッセージを少なくし、短い会話のSkitをたくさん入れることで、さまざまな教育に関するボキャブラリーを多数取り入れています。

具体的なテーマとしては、高度な教育レベルが求められる求人条件の話題や、難易度の高い大学に入るための話題、美術やビジネス、科学などの専門知識の話題、良い先生に必要な条件の話題、大学の履修登録の話題、学術会議の話題、そして教授の職務についての話題です。

それらの中では、たとえば"diploma（卒業証書）"や"highest level of education（最終学歴）""scholarship（奨学金）""faculty（教職員／学部）""grade（成績）""exchange student（交換留学生）"といった教育についての直接的なボキャブラリーから、"fulfill（満たす）""consider（熟慮する）""require（必要とする）""creative（創造的）""praise（褒める）""improve（向上する）""conference（会議）""duty（義務）"のような教育以外のテーマについて話をするときにも、よく使われるボキャブラリーもあわせて身につけることができます。

これらの学習が進むにつれて、特に教育分野について必要な英語がスラスラと頭に入るようになってくるでしょう。スラスラと入ってきたと実感できるまで、CDで繰り返し学習してください。

Skit 1

Requirements for a Job Application
求人の条件

Story Listening
5ステップ・リスニング

まずは、付属CDで「Story Listening」を聴いて、高速メソッド®の要「5ステップ・リスニング」を実践してください。長いパッセージの英語を聴き取る学習をすると、「映画を字幕なしで見る能力」だけでなく、「長文を素早く読んでいく能力」のような資格試験突破に必要なComprehension能力（理解力）を飛躍的に高めることができます。

それでは始めましょう。Let's get started!

A Have you checked あなたは確認しましたか？ the **classified ads** 求人記事を in today's newspaper 今日の新聞の yet? もう ／ There's そこにはあります an ad 広告が for **UN** workers. 国連職員の ／

B Is it それはありますか？ "UN **recruiting** 国連が募集している staff members"? スタッフメンバーで ／ It's それはあります just what まさにそのもので we've been looking for. 私たちがずっと探していた ／

A Yes. はい ／ **Finally**, ついに we've found 私たちは見つけました one. それを ／ In the **article**, その記事では there are そこにはあります some **conditions** and **requirements**. いくつかの条件と要件（必要事項）が ／

B Well... ええと… ／ Most of the things are ほとんどのことはあります not so important. それほど重要でなく ／

A But, でも it says それは言っています here ここで "To gain 得るためには **admittance** 許可を to the position そのポジションに you must hold あなたは持っていなくてはならない a **master's degree** or the

↳続く

続き

    equivalent". 修士号の学位または同等のものを ／ It also says それはまた言っています "The applicant must submit 応募者は提出しなくてはいけません a copy 写しを of their diploma 彼らの卒業証書の as well as a current resume". 最新の履歴書と同様に ／

B   We both have 私たち両方は持っています master's degrees, 修士号を so we fulfill それで、私たちは満たしています the requirements. その要件を ／ It is not それはありません a problem, 問題では but でも the applicants' level must be 応募者（申込者）のレベルはあるに違いありません really high. 本当に高く ／

A   Yeah. ああ ／ I guess 私は推測します so. そう ／ But でも I think 私は思います when we are considered 私たちが考えられているときには for a job 仕事に in this type of profession, このような種類の職業の our highest level 私たちの最上のレベルが of education 教育の weighs 重要視される heavily. 重く ／

Vocabulary & Structure Building
重要ボキャブラリー&重要構文

ここでは、Story Listening（5ステップ・リスニング）に出てきた重要なボキャブラリーと重要構文をチェックしていきます。

マスターしたら、各項目の□マークに✔を入れていきましょう！

□ **1 classified ad：求人広告**

これを直訳すると「項目別広告」ですが、通常は「求人広告」のことを言います。"help-wanted ad" "situation-vacant ad" "want ad" "wanted ad"とも言います。この場合の"ad"は、"**advertisement**（広告）"のことです。

□ **2 UN：国際連合**

"UN"は"**United Nations**（国際連合）"、すなわち「国連」のことです。

- [ ] **3 recruit：募集する／勧誘する**

- [ ] **4 finally：とうとう／ついに**

  これは、"at last" と同じ意味になります。

- [ ] **5 article：**（新聞、雑誌などの）**記事**

- [ ] **6 condition：条件**

- [ ] **7 requirement：要件／必要事項**

- [ ] **8 admittance：許可**

- [ ] **9 hold：持っている**

- [ ] **10 master's degree：修士号の学位**

- [ ] **11 the equivalent：それと同等のもの**

- ☐ **12 applicant：応募者**

- ☐ **13 submit：提出する**

  同じ意味の言葉として、会話では "**hand in**" や "**turn in**" もよく使われます。

- ☐ **14 diploma：卒業証書**

- ☐ **15 current：最新の／今の／現時点の**

- ☐ **16 resume：履歴書**

  これを "**CV**" と言うこともあります。"CV" は "curriculum vitae" の略です。
  最新の履歴書は "current resume" のほかに、"**updated resume**" と言うことも多くありますので、両方覚えておきましょう。

- ☐ **17 fulfill：満たす**

- ☐ **18 guess：推測する**

- ☐ **19 consider：よく考える／熟慮する**

- ☐ **20 profession：（知的な）仕事**

- ☐ **21 highest level of education：最終学歴**

- ☐ **22 weigh：重要視する**

  「重さがある／目方を測る」という意味から転じて、「比較検討する」や「（ほかのものと比べて）重要視する」という意味にもよく使われます。

- ☐ **23 heavily：重く**

Skit 2

Applying to Prestigious Universities
難易度の高い大学への進学

Story Listening
5ステップ・リスニング

　まずは、付属CDで「Story Listening」を聴いて、高速メソッド®の要「5ステップ・リスニング」を実践してください。長いパッセージの英語を聴き取る学習をすると、「映画を字幕なしで見る能力」だけでなく、「長文を素早く読んでいく能力」のような資格試験突破に必要なComprehension能力（理解力）を飛躍的に高めることができます。
　それでは始めましょう。Let's get started!

A　Do you know あなたは知っていますか？ anything 何かを about this university? この大学について ／

B　Yes. はい ／ It's それはあります one 1つで of the **Ivy League** universities. アイビーリーグ大学の ／ Candidates must **prepare** 志願者（候補者）は準備しておかなくてはなりません for difficult **entrance exams** 難しい入学試験に in order to be **admitted** 認められるために to the university. その大学に ／

A　Wow, わあ it sounds それは聞こえる really hard, 本当に大変そうに and furthermore そして、そのうえ the **tuition** is also 学費もまたあります very **expensive**. 大変高く ／

B　You know, あのね in America, アメリカでは we say 私たちは言います "The higher the level, the more expensive it is" 「よりレベルが高いほど、より高額になる」と because なぜなら better education **requires** より良い教育は必要とします higher level **professors** and **facilities**. 高いレベルの教授と施設を ／ **However**, しかしながら there

↳続く

続き

are そこにはあります several いくつかの道が to support 支援するための the students 生徒たちを who can't afford to pay そして彼らは支払う余裕がありません tuition, 学費を such as scholarships, tuition waivers and student loans. 奨学金、学費免除、そして学生ローンのような ／ A number of students are given たくさんの学生が与えられています scholarships 奨学金を each year. 毎年 ／

Vocabulary & Structure Building
重要ボキャブラリー&重要構文

ここでは、Story Listening（5ステップ・リスニング）に出てきた重要なボキャブラリーと重要構文をチェックしていきます。

マスターしたら、各項目の□マークに✔を入れていきましょう！

☐ **1 Ivy League：アイビー・リーグ**

「アイビー・リーグ（Ivy League）」とは、アメリカ東部にある、世界屈指の名門私立大学8校からなる連盟です。Harvard University、Columbia University、Princeton University、Yale Universityは、日本でも特に有名でしょう。そこに、Cornell University、University of Pennsylvania、Dartmouth College、Brown Universityを加えた計8大学が、アイビーリーグ大学です。

もちろん、アメリカの名門大学はほかにもあります。MIT（Massachusetts Institute of Technology）は、Harvard Universityの近くにある有名大学ですし、西海岸にもUC BerkeleyやStanford Universityなど有名な大学があります。

☐ **2 prepare for ○○：○○の準備をする**

☐ **3 entrance exam：入学試験**

"exam"は、"examination（試験）"を短くしたものです。

☐ **4 admit：認める**

☐ **5 tuition：授業料**

- [ ] **6 expensive：高い／高価／高額**

- [ ] **7 the higher the level, the more expensive it is：より高ければ、より高額に**

    "The ○○（比較級）, the △△（比較級）"で「○○すればするほど、ますます△△」という構文です。日常会話でもよく使われる言い方です。たとえば、"**The more, the merrier.**"と言えば、「多ければ多いほど、楽しいよ」となります。

- [ ] **8 require：必要とする**

    これは"need（必要です）"と同じ意味ですが、よりビジネス向きの言い方です。

- [ ] **9 professor：教授**

- [ ] **10 facilities：施設**

□ 11 however：しかしながら

これは"but"のフォーマル版です。論文などでは"but"を文頭に持ってくるのはタブーとされていますが、"however"ならOKです。

□ 12 several：いくつか

これは、7、8個ぐらいのイメージで使ってください。"a few"の場合は2、3個です。

□ 13 support：支援する

□ 14 can't afford to ○○：○○する余裕はない

□ 15 such as ○○：○○のような

この表現は、例をあげるときに使います。

□ 16 scholarship：奨学金

日本語で言うと「奨学金」ですが、アメリカやイギリスでは、返済の義務のない「奨学金」のことを言います。

□ 17 tuition waiver：学費免除

アメリカやイギリスでは、優秀な学生には「学費を免除」する制度が広く使われています。

□ 18 student loan：学生ローン

これは、特にアメリカにある制度で、大学に入学する子供のいる、多くの家庭が利用してます。一般的に金利が安いと言われています。

□ 19 a number of：たくさんの

Skit 3

Study of Practical Fields
実践的な学習

Story Listening
5ステップ・リスニング

　まずは、付属CDで「Story Listening」を聴いて、高速メソッド®の要「5ステップ・リスニング」を実践してください。高速スピードを含んだ英語を聴き取る学習をすると、「映画を字幕なしで見る能力」だけでなく、資格試験突破に必要なComprehension能力（理解力）やボキャブラリー力を飛躍的に高めることができます。
　それでは始めましょう。Let's get started!

A　I've **come to** think 私は考えるようになりました I should **give up** 私はやめるべきだと **on** studying 勉強することを **fine arts** 美術を and study そして学習すべきであると a more **practical field** もっと実践的な分野を of **expertise,** 専門知識の like **business** or **business administration**. ビジネスや経営学のような ／

B　Business? ビジネス？ ／
Have you thought あなたは考えたことがありますか？ about studying 学習することについて in the **science field**? 科学の分野を ／ I heard 私は聞きました that 次のことを in the **departments** of Science, 科学の学部では **faculty** members often work 教職員たちは、しばしば働きます **together** 一緒に to **research** and **publish** 研究して出版するために with **colleagues.** 同僚たちと共に ／ I think 私は思います it's それはあると very **creative** and **fun!** とても創造的で楽しく ／

A　But, でも you know, あのね **a great many periodicals** also require 非常に多くの定期刊行物もまた要求します that 次のことを an **abstract** or **summary** be submitted. 概略か要約が提出されることを ／

Vocabulary & Structure Building
重要ボキャブラリー&重要構文

ここでは、Story Listening（5ステップ・リスニング）に出てきた重要なボキャブラリーと重要構文をチェックしていきます。

マスターしたら、各項目の□マークに✔を入れていきましょう！

☐ **1 come to ○○：○○するようになる／○○に至る**

☐ **2 give up on ○○：○○をあきらめる／○○をやめる**

☐ **3 fine art：美術／美術品／美術工芸品**

☐ **4 practical：実践的な**

☐ **5 field：分野**

☐ **6 expertise：専門知識**

☐ **7 business：ビジネス／商売**

☐ **8 business administration：経営学**

☐ **9 science field：科学分野**

☐ **10 department：学部／（会社の）部**

☐ **11 faculty：（大学や学校の）教職員／学部**

このSkitの場合の"faculty"は、大学や学校の「教職員」のことを言いますので、"faculty members"で「教職員たち」となります。
この言葉には、このほかにも多くの関連する意味がありますので、この際、覚えておきましょう。まず「大学の学部」という意味があります。10の"department"も同じ意味ですが、"faculty"のほうがアカデミックな言い方になります。
そのほかには「能力」という意味もありますので覚えておきましょう。

☐ **12 together：一緒に**

☐ 13 research：研究する

"research" は名詞として使う場合、「研究」となります。

☐ 14 publish：出版する

☐ 15 colleague：同僚

"**co-worker**" も同じ意味ですが、"colleague" のほうが、より専門的な仕事の同僚を指します。

☐ 16 creative：創造的

☐ 17 fun：楽しい／愉快な

主に形容詞で「楽しい」「愉快な」という意味で使われますが、名詞として「楽しみ」「楽しさ」という意味でも使われます。

☐ 18 a great many：非常にたくさんの

"**a good many**" も「たくさんの」を表す表現ですが、"a great many" のほうが、より多くを表します。

☐ 19 periodical：定期刊行物

この表現は、"**period**" が「期間」を表すことから派生しています。

☐ 20 abstract：抽象的な／要旨／概略

これは「抽象的な」という意味の言葉ですが、「要旨」や「概略」という意味も覚えておきましょう。論文の一番最初に書かれている「概論」のことを、英語では "abstract" と言います。

☐ 21 summary：要約／まとめ

Skit 4

Traits of a Good Teacher
良い先生になる要件

Story Listening
5ステップ・リスニング

　まずは、付属CDで「Story Listening」を聴いて、高速メソッド®の要「5ステップ・リスニング」を実践してください。高速スピードを含んだ英語を聴き取る学習をすると、「映画を字幕なしで見る能力」だけでなく、資格試験突破に必要なComprehension能力(理解力)やボキャブラリー力を飛躍的に高めることができます。
　それでは始めましょう。Let's get started!

A　I believe 私は信じます that 次のことを some important **factors** いくつかの重要な要素は to be a good teacher 良い先生であるための **are to encourage**, **stimulate** and **praise** 励まし、刺激を与え、褒めることであるべきだと students. 生徒を ／

B　I **agree** 私は賛成します with you. あなたに ／ **Especially**, 特に I think 私は思います encouraging 励ますことは students 生徒を is あると very important. とても重要で ／ My **mentor** often says 私の指導教官はよく言います that 次のことを if I **apply myself** もしも私が集中するのなら to my studies 私の研究に I will be **rewarded** 私は報酬を得られるであろうと with **steadily improving grades**. 着実に向上している成績とともに ／

Vocabulary & Structure Building
重要ボキャブラリー&重要構文

ここでは、Story Listening（5ステップ・リスニング）に出てきた重要なボキャブラリーと重要構文をチェックしていきます。

マスターしたら、各項目の□マークに✔を入れていきましょう！

☐ **1 factor：要因／要素**

☐ **2 be動詞＋to不定詞（○○）：○○するべきだ／○○する予定である／○○するつもりである**

助動詞の"**should**"、または"be going to"や"will"などの意味を表します。この「BE動詞＋to不定詞」が出てきたら、とりあえず、"should（○○するべきだ）"に置き換えて考えるようにすると良いでしょう。

☐ **3 encourage：励ます**

"encourage"には「推奨する」という意味で使われることもあります（150ページ**24**参照）。

☐ **4 stimulate：刺激を与える**

☐ **5 praise：褒める**

☐ **6 agree：賛成する**

"agree **with** ○○（人）"で「○○（人）に賛成する」となり、"agree **to** △△（意見）"で、「△△（意見）に賛成する」となります。

☐ **7 especially：特に**

☐ **8 mentor：指導教官**

"mentor"は、もともとは「助言を与える人」という意味です。

☐ **9 apply oneself to △△：△△に○○自身を集中させる**

この表現は「△△に○○自身を集中させる」という意味ですが、もっとわかりやすく言えば、「△△に打ち込む」とか「△△に専念する」という意味になります。

☐ **10 reward：報酬を与える／報酬**

動詞の「報酬を与える」と、名詞の「報酬」という意味の、両方を覚えておくと良いでしょう。
ちなみに、日本語で言う「ハイリスク・ハイリターン」は、"**High risk, high reward**"と言います。

☐ **11 steadily：着実に**

☐ **12 improve：向上する／上達する**

日本語の「(成績などを) アップする」と同じ意味です。

☐ **13 grade：成績**

"grade"は「等級」ですが、教育の分野では「成績」という意味で使われることを覚えておきましょう。「成績の平均値」、日本で言う「評定平均値」を、イギリスやアメリカでは、"**GPA**"、すなわち"Grade Point Average（成績評定点の平均値）"と言います。これも覚えておきましょう。

Skit 5

Registration for Subjects
大学生の履修登録

Story Listening
5ステップ・リスニング

まずは、付属CDで「Story Listening」を聴いて、高速メソッド®の要「5ステップ・リスニング」を実践してください。高速スピードを含んだ英語を聴き取る学習をすると、「映画を字幕なしで見る能力」だけでなく、資格試験突破に必要なComprehension能力(理解力)やボキャブラリー力を飛躍的に高めることができます。

それでは始めましょう。Let's get started!

A   I'm 私はあります a **freshman** 1年生で and would like そして望みます to study 学習することを "Introduction to American Literature". 「アメリカ文学の紹介」を / Do you know あなたは知っていますか？ when いつ it is taught? それが教えられているのかを /

B   Yes. はい / It's taught それは教えられています during the second **period** 2時限目の間に on Tuesdays. 火曜日の / You'll be able to **earn** あなたは稼ぐことができるでしょう four **credits** 4単位を if もしも you take あなたが取るのなら it. それを / Could you tell 教えていただけますか？ me 私に why なぜ you would like あなたがお望みなのかを to take 取ることを it? それを /

Vocabulary & Structure Building
重要ボキャブラリー＆重要構文

　ここでは、Story Listening（5ステップ・リスニング）に出てきた重要なボキャブラリーと重要構文をチェックしていきます。

　マスターしたら、各項目の□マークに✔を入れていきましょう！

☐ **1 freshman：1年生**

アメリカでは、大学生を学年ごとに違う呼び方をします。
1年生：freshman、2年生：**sophomore**、3年生：**junior**、4年生：**senior**と言います。覚えておきましょう。

☐ **2 period：授業時間／時限**

"period"は、もともとは「ある一定の時間（期間）」を表す言葉です。そこから転じて、「時代」「授業時間」、そして「時限」という意味に広がっています。

☐ **3 earn：稼ぐ**

"earn"は、お金を「稼ぐ」以外にも、このSkitのように単位数を「稼ぐ」という意味でも使われます。

☐ **4 credit：単位**

これは履修した科目の「単位」、または「単位数」のことです。

Skit 6

About a Research Council
ある学術会議について

Story Listening
5ステップ・リスニング

　まずは、付属CDで「Story Listening」を聴いて、高速メソッド®の要「5ステップ・リスニング」を実践してください。高速スピードを含んだ英語を聴き取る学習をすると、「映画を字幕なしで見る能力」だけでなく、資格試験突破に必要なComprehension能力(理解力)やボキャブラリー力を飛躍的に高めることができます。
　それでは始めましょう。Let's get started!

A　Did you go あなたは行きましたか? to the **conference** 会議に last week? 先週 ／

B　Yes, I did. はい、私は行きました ／ The **session** was その会議はありました very **informative**. 大変情報に富んで ／

A　**What was it about?** それは何についてでしたか? ／

B　**It was** それはありました **about methods** and **approaches** 方法とアプローチについてで to the goals 目的への of your research. あなたの研究の ／ It was それはありました a **detailed** and **fascinating** study. 詳細でとても面白い研究で ／

Vocabulary & Structure Building
重要ボキャブラリー&重要構文

ここでは、Story Listening（5ステップ・リスニング）に出てきた重要なボキャブラリーと重要構文をチェックしていきます。

マスターしたら、各項目の□マークに✔を入れていきましょう！

☐ **1 conference：会議**

☐ **2 session：会議／会合**

"session"のもともとの意味は「開会」とか「集会」のことで、主に「会議」や「会合」のことを指すのですが、比較的、継続性のない単発的な集まりのことを言います。

たとえば、"**the summer session**（夏学期）"は、通常とは違う授業の期間ですので、このような言い方をよく使います。

ミュージシャンたちが集まってプレイすることも"session"と言います。特に、集まって即興演奏することを"**jam session**"と言います。「レコーディング」も、バンドで集まって収録するので"**recording session**"と、"session"を使った表現になっています。

☐ **3 informative：知識・情報に富む／有益な**

☐ **4 What is it about?：それが何についてのものなのか？**

この表現は、たとえば会議や映画なら「どんなテーマについてなのか？」「何についての話なのか？」といった具合に、趣旨について尋ねるときによく使われます。

☐ **5 it is about ○○：それは○○についてです**

この表現は、上記4のアンサーとして、趣旨を答えるときに使われます。

☐ **6 method：方法／方法論／メソッド**

☐ **7 approach：（目的に接近する）方法／アプローチする**

- 8 detailed：詳細な／詳細にわたる

- 9 fascinating：魅了する／うっとりさせる／とても面白い

    "fascinating"は「魅了する」という意味ですが、もとの意味は「魔法にかけられたような」です。ここから派生して「うっとりさせる」や「とても面白い」という意味でもよく使われます。

COLUMN

映画みたいにカッコよくイディオムを使おう！④

50ページ、74ページ、92ページに続いて、再びイディオムを見てみましょう。

★ hit the sack：（疲れて）寝る

これは「（疲れて）寝る」という意味で、いわゆる日本語の「バタン・キュー」です。
「寝袋」を英語では"**sleeping bag**"、または"**sack**"と言います。
第二次大戦中の兵士たちが戦場でとても疲れて寝たいときに、"**I'm going to hit the sack.**"という言葉が流行ったことから、この言葉がイディオムとなりました。「疲れていて家に帰ったらすぐに寝たい」というときによく使われます。

★ burned out：とても疲れている

日本では「燃え尽きた」というフレーズがあります。これには「疲れた」という意味のほかに「一生懸命やって満足した」という意味も含まれますが、英語では「すごく疲れている」ことを言います。以下のセンテンスで確認してください。

Mary has got メアリーはなりました so **burned out** とても疲れて working 働いて really hard とても一生懸命に at the bank. 銀行で ／

Skit 7

Professors' Duties
教授の職務

Story Listening
5ステップ・リスニング

まずは、付属CDで「Story Listening」を聴いて、高速メソッド®の要「5ステップ・リスニング」を実践してください。高速スピードを含んだ英語を聴き取る学習をすると、「映画を字幕なしで見る能力」だけでなく、資格試験突破に必要なComprehension能力（理解力）やボキャブラリー力を飛躍的に高めることができます。
　それでは始めましょう。Let's get started!

A　　Did you know あなたは知っていましたか？ that 次のことを Professor Feldman couldn't **go on** フェルドマン教授は進むことができなかったことを a year **sabbatical** 1年の研究休暇に because なぜなら he had 彼が持っていたので too many **duties** 多すぎる義務を to **perform**? 行うべき ／ You know, あのね he has 彼は持っています a lot of **exchange students** たくさんの交換留学生を from Japan. 日本からの ／ Schools **let out** 学校が休みになります **in late** July 7月下旬に there そこでは and そして it's それはあります **typical** 典型的で for students 学生にとっては to be **assigned** 割り当てられることが **homework** 宿題を over the summer. 夏の間の ／

B　　So, それでは do you mean あなたは意味していますか？ he has 彼が持っていると too many **administrative** duties 多すぎる管理上の義務を because of the student **exchange program**? 交換留学生プログラムのために ／

A　　Yeah. ああ ／ I feel 私は感じます sorry 気の毒に for him. 彼にとって ／

Vocabulary & Structure Building
重要ボキャブラリー&重要構文

　ここでは、Story Listening（5ステップ・リスニング）に出てきた重要なボキャブラリーと重要構文をチェックしていきます。

　マスターしたら、各項目の□マークに✔を入れていきましょう！

☐ **1 go on：進む／続ける**

☐ **2 sabbatical：大学教授の研究休暇**

☐ **3 duty：義務／任務**

☐ **4 perform：行う／任務を果たす**

　"perform"には、ほかにも「演技をする」という意味もあります。

☐ **5 exchange student：交換留学生**

☐ **6 let out：（学校が）休みになる／休みにする／放課後になる**

☐ **7 in late ○○（月）：○○月下旬に**

　「上旬」「中旬」を表す"in early ○○（月）"「○○月上旬に」や"in mid ○○（月）"「○○月中旬に／○○月半ばに」も覚えておきましょう。

☐ **8 typical：典型的な**

☐ **9 assign：割り当てる**

☐ **10 homework：宿題**

☐ **11 administrative：管理上の／経営上の**

☐ **12 exchange program：交流計画**

　"student"を前につけて"**student exchange program**"と言うと、通常「交換留学生プログラム」ですが、厳密には海外へ行かない「交流計画」も含まれます。

COLUMN

映画みたいにカッコよくイディオムを使おう！⑤

　50ページ、74ページ、92ページ、113ページに続いて、ここでもイディオムを取り上げていきましょう。

★ **What's eating you?：何を悩んでいるんだい？**
　これを直訳すると、「何があなたを食べているの？」と、ちょっと意味不明ですが、「どんな考えが、あなたを今むしばんでいるの？」といった感じです。"What's bothering you?"と同じ意味で、「何を悩んでいるんだい？」といった意味になります。

★ **in a bad mood：不機嫌な**
　"mood"には、「気分」のほかに「不機嫌」「むら気」という意味もあります。ですので、"He's moody."と言われたた場合に「彼は雰囲気が良い」と思ったら間違いで、「彼は不機嫌になりやすい」という意味になります。

★ **get something off one's chest：いっそ、話してみなよ**
　まず、何か思い悩むことが胸にたまっている状態を想像してください。これを「いっそ、吐き出したら？」という意味がこの表現です。ずっとあなたを悩ませている「告白（Confession）」や「苦情（Complaint）」を「言ってみたら」と言う表現です。「いっそ、話してみなよ」です。

　上記の3つの使い方を以下のダイアローグで確認しましょう。

A：**What's eating you?** 何を悩んでいるんだい？ ／ You're あなたは、いるね **in a bad mood** 不機嫌で today. 今日は ／

B：No, いいえ I'm not. 私はそうじゃないよ ／ I'm fine. 私は気分上々だよ ／

A：No, いいや you aren't. あなたは、そうじゃないよ ／ Whatever なんであれ it is, これであることが **get it off your chest**. いっそ、話してみなよ ／

Part 2

ニュース編
News Shows

ニュース番組で
高度なボキャブラリーまでをも
身につけよう！

Part 2

Part 2(Unit 6～Unit 9)の狙い

　本書は、あなたにさらに流ちょうな英会話力を獲得していただくことと同時に、Comprehension能力（理解力）も身につけていただくことを主眼としています。

　このComprehension能力を高めるには、今まで以上の「ボキャブラリー力」と、今まで以上の「英語の語順で読み進んでいく力」が必要になります。

　これまでの本書のPart 1（Unit 1～Unit 5）では、比較的に取り組みやすいテーマを会話形式で学んできました。

　Part 2（Unit 6～Unit 9）では、長いパッセージをニュース形式で学ぶ方式をとっています。〈笠原訳〉が挟み込んである「高速メソッド®」なら、長いパッセージでも問題なく理解することができるはずです。

　この長いパッセージには、堅苦しくならないように、ナチュラルな英会話で使われる表現を活かしながら、たくさんの重要なボキャブラリーを取り入れています。

　これによって、流ちょうな英会話力を身につけると同時に、たくさんのボキャブラリーも身につけていくこともできます。

　実は、Part 2に出てくるようなボキャブラリーを身につけなくても、簡単な基本ボキャブラリーだけで、日常生活のほとんどの英会話は可能です。

　ですが、Part 2で学ぶレベルのボキャブラリーは、英字新聞の記事を読んだり、資格試験を突破していくためには、どうしても知らなければならないボキャブラリーになります。

　それでは、そのようなレベル、すなわち中級や上級レベルのボキャブラリーを身につけていくには、どうしたら良いのでしょうか？

　それには、リーディングをしていくことが一番の近道です。

　実際に、英米人たちも子供の頃から読書をして、このようなボキャブラリーを身につけていきます。学生たちの間でよく読まれている『Graded Readers』というシリーズものの本があります。これはボキャブラリー2000

語レベル、3000語レベルなどと、ボキャブラリーのレベルを決めて読み進んでいくシリーズものの書籍です。

　実際、私のアメリカやイギリスの友人たちは、「『Graded Readers』シリーズの本が、自分のボキャブラリーを増やしていくのに大変役に立った」と言っています。

　しかし、今まで英会話を学習してきて、「日常会話や旅行会話程度なら、困らずに話せるようになったのに、さらにリーディングを学習しなくてはならない」というのは、多くの方にとって少し荷が重いと考えていることでしょう。「忙しくて、リーディングと英会話の両方を学習する時間が取れない……」と。

　そこで私は、さらに効率よく英語力を高める方法を考えました。それは、**本来はリーディング（読書）をすることによってしか身につかないようなボキャブラリー（単語）を、自然な会話調のニュースの中に取り入れて、身につけてしまおうというもの**です。

　この方法によって、特に「忙しくて英語の本をなかなか読む時間を取れない」というような方が、ナチュラルな会話調の英会話力だけでなく、新聞記事などの読解に必要な高度なボキャブラリーも一緒に身につけていくことがでます。また、独特の言い回しも身についていきますので、ニュース英語がどんどん聴き取れるようになります。

　すなわち、流ちょうな英会話力とニュース英語を聴き取れるリスニング力、そして高度なボキャブラリーを同時に身につけていくことができるのが、これからPart 2で学習していく方法なのです。だからこそ、この方法は大変効率的に学習していくことができます。

　その具体的な方法が、これからPart 2で学習する「ニュース英語（時事英語）」です。

　「ニュース英語」を学習するときに、私がおすすめする番組は「Discovery Channel」や「National Geographic」などのような教養番組（Educational

Part 2

Program ／ Cultural Program）や、ニュース番組の特集番組（Special Program）です。

　実は、一般的な「ニュースの英語（時事英語）」は、特別な題材を選ばないと、内容がどんどん古くなって陳腐化（outdated）してしまいます。その結果、「興味が薄れているのに、英語力を身につけるためだから学習する」ということになりかねません。そのようになってしまっては、学習の能率も上がりません。

　しかし、「Discovery Channel」のような**教養番組や特集番組は、陳腐化しにくいテーマを取り上げています。**

　そこで、私はこれらにならい、

① ニュースをわかりやすく解説している番組
② 日常の一般教養として役に立つもの
③ 皆さんが日ごろから疑問に思っていること

を研究して、Part 2のニュース編を作成しました。そのため、飽きずに興味を持って学習できますし、その内容が陳腐化（outdated）する可能性も非常に少ないと考えています。

　それではPart 2の、それぞれのUnitで取り上げているテーマのニュースが聴けて、読めるように学習しましょう。そうなることが、ニュース英語を理解する力を大幅に向上させていくことになるのです。

　では、始めます。Let's get started!

Unit 6

熱帶性嵐
Tropical Storms

自然災害の熱帯性嵐のニュース

　今回のテーマは、自然災害（Natural Disaster）の「熱帯性嵐：Tropical Storms」です。自然災害の熱帯性嵐の特集番組を題材にして、皆さんのリーディング力、リスニング力を増強していきます。

　このテーマは、ニュース英語を理解するうえで、欠かせないテーマの1つです。また、状況を視聴者にわかりやすく伝えようとしている番組が多いので、内容が具体的でわかりやすいのが特徴です。毎年のように、世界各地で予測のできない大きな災害が起こっているため、記事や番組の量も大変多くなっています。

　近年の地球温暖化の影響とも言われていますが、最近の私たちの身の回りでは、以前では考えられなかったような集中豪雨や、大型台風の発生のようなことがあります。

　このような現象は、日本だけではなく世界中で起こっています。アメリカでも、2005年の8月の終わりに、アメリカ南東部を襲ったハリケーン・カトリーナ（Hurricane Katrina）は、ルイジアナ州のニューオリンズの8割を水没させ、フロリダ州とルイジアナ州で多数の死傷者を出しました。

　また、記憶に新しい、2012年の10月の終わりにアメリカ東部に上陸したハリケーン・サンディー（Hurricane Sandy）は、ニューヨークを直撃し、ニューヨークシティーマラソンが休止になったり、ニューヨーク証券取引所と原子力発電所が閉鎖になったりしました。

　このように英語圏のニュースでも「自然災害」は頻繁に取り上げられます。

　そのため、このUnitではハリケーンや台風といった熱帯性嵐のテーマを取り上げ、それらのニュースを聴き取ったり相手と話したりするときに必須のキーボキャブラリーも学びます。

　今回の5ステップ・リスニングは、ハリケーンについての特別番組です。

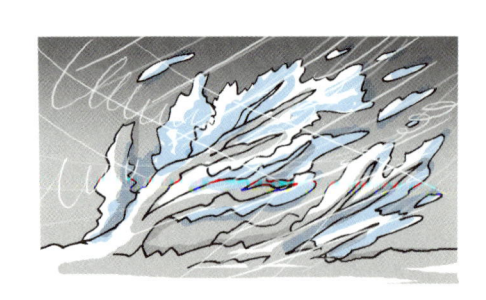

News 1

How Scientists Name Hurricanes
ハリケーンの名づけ方

Story Listening
5ステップ・リスニング

　まずは、付属CDで「Story Listening」を聴いて、高速メソッド®の要「5ステップ・リスニング」を実践してください。長いパッセージの英語を聴き取る学習をすると、「映画を字幕なしで見る能力」だけでなく、「長文を素早く読んでいく能力」のような資格試験突破に必要なComprehension能力（理解力）を飛躍的に高めることができます。
　それでは始めましょう。Let's get started!

Violent tropical ocean storms are called 凶暴な熱帯性嵐は呼ばれています **hurricanes** ハリケーンと if they **occur** もしも、それらが起こるなら near the **equator** 赤道の近くで in **the eastern Pacific** or **Atlantic oceans** 東太平洋か大西洋で in the late summer or early autumn. 夏の終わりか初秋に ／

The same kinds of storms are also known 同じ種類の嵐は、また知られています by other names. ほかの名前で ／ **Weather scientists** call 気象学者たちは呼びます them それらを cyclones サイクロンと when they break out それらが発生するときに just **north** or south すぐ北か南に **of** the equator and in the Indian Ocean. 赤道とインド洋の ／

They are also called それらはまた呼ばれています typhoons 台風と when they happen それらが起こるときに in the Pacific Ocean 太平洋の中で of the China Sea. シナ海側の ／

Meteorologists call 気象学者たちは呼びます hurricanes ハリケーンを by names 名前で to make させるために clear はっきりと which storm どの嵐を

↳続く

続き

they are **talking about**, 彼らが話しているのかを especially 特に when two or more are happening 2つやそれ以上が発生しているときに **at the same time**. 同時に／ They say 彼らは言います using 使うことは short names 短い名前を is あると **necessary** 必要で when exchanging 交換するときに storm information 嵐の情報を between **weather stations** and ships 測候所と船との間で on the ocean. 洋上の／

Australian weather scientists began オーストラリア人の気象学者たちは始めました giving 与えることを women's names 女性の名前を to cyclones サイクロンに before the end of the nineteenth century. 19世紀末の前に／ They used 彼らは使いました their girlfriends' or wives' names 彼らの恋人たちや妻たちの名前を for storms 嵐に during World War Two. 第二次世界大戦中に／ The United States **National Weather Service** started アメリカ国立気象局は始めました officially 公式に using 使うことを women's names 女性の名前を for hurricanes ハリケーンに in 1953. 1953年に／ In 1978, 1978年には it began それは始めました including 含むことを men's names as well. 男性の名前も／

Today, 今日 **the World Meteorological Organization** or WMO, 世界気象機関、WMO an agency 機関 of the United Nations, 国連の is あります in charge of naming 名前づけの担当で the Atlantic tropical storms 大西洋の熱帯性嵐の that sometimes become そしてそれらは、ときどきなります hurricanes. ハリケーンに／ The WMO took over WMOが引き継ぎました **the National Hurricane Center**, 国立ハリケーンセンターを which had named そしてそれは名前をつけました storms 嵐に since 1953. 1953年以来／

The organization uses その機関は使います a yearly, **fixed** list 毎年、固定されたリストを of names 名前の **arranged** 配列された **alphabetically** (omitting the letters Q, U, X, Y and Z) アルファベット順（Q, U, X, Y, Zの文字を除いたもの）に for a **given year**. 該当年度に／ For example, たとえば the first Atlantic tropical storm 最初の大西洋熱帯性嵐は of 2011 2011年の was

↳続く

続き

named 名づけられました Arlene, アーリーンと the next was その次はありました Bret and so on. ブレットなどと ／ The lists include そのリストは含んでいます both American and international names. アメリカと国際的な名前の両方を ／ There are そこにはあります six years of lists 6年のリストが **in place**, 適切な場所に and each list is reused そして、それぞれのリストは再利用されます every six years. 6年ごとに ／ For instance, たとえば the 2014 list will be used 2014年のリストは使われるでしょう in 2020. 2020年に ／

Interestingly, 興味深いことに while each year's list of names is reused それぞれの年の名前リストが再利用されている間に every six years, 6年ごとに a name can be **replaced** 名前は入れ替えられることがあり得ます on the list, リスト上で if もしも it was used それが使われたのなら for a storm 嵐に that was そしてそれがあったのなら particularly **deadly**, costly, and **generally devastating**. 特別に致命的で、費用がかかり、そして概して破壊的で ／ The names その名前は of storms 嵐の that have caused そしてそれが引き起こした extremely severe damage 極端に深刻な被害を may be retired たぶん取り下げられるかもしれない at the request 依頼に基づいて of the country その国の that was affected. そしてその国が影響を受けた ／ That name will not be used その名前は使われないでしょう again 再びは for at least ten years. 少なくとも10年間は ／

This is done これはされます to avoid 避けるために legal problems or confusion. 法律上の問題や混乱を ／ For example, たとえば the names その名前は Katrina and **Sandy** カトリーナとサンディーという have been retired. 取り下げられています ／ If もしも new names are needed, 新しい名前が必要ならば the WMO chooses WMOは選びます them それらを during their annual meeting. 彼らの年次会議の間に ／

Vocabulary & Structure Building
重要ボキャブラリー&重要構文

　ここでは、Story Listening（5ステップ・リスニング）に出てきた重要なボキャブラリーと重要構文をチェックしていきます。
　マスターしたら、各項目の□マークに✔を入れていきましょう！

☐ **1 hurricane：ハリケーン**

"hurricane（ハリケーン）" "cyclone（サイクロン）" "typhoon（台風）"は、どれも巨大な嵐のことです。それぞれの違いは、本文を読んで確認しましょう。

☐ **2 occur：起こる**

これと同じ意味の動詞として、"break out"や"happen"があります。

☐ **3 equator：赤道／赤道地域**

これは、地球や天体の「赤道」や「赤道地域」のことを指します。この単語は、「地球を"equally（等しく）"に分割した場合の線」という意味です。
この"equator（赤道）"から分けた半分を"hemisphere（半球）"と言います。だから、「南半球」は、南半分を意味する"the Southern Hemisphere"と言い、「北半球」を"the Northern Hemisphere"と言います。覚えておきましょう。

☐ **4 the Pacific Ocean：太平洋**

☐ **5 the Atlantic Ocean：大西洋**

☐ **6 eastern：東の**

"western（西の）" "northern（北の）" "southern（南の）"も覚えておきましょう。

☐ **7 weather scientist：気象学者**

「気象学者」を、より専門的にすると"Meteorologist"と言います。このUnitでは、両方使っています。

8 north of ○○ : ○○の北に

"**south of** ○○（○○の南に）" "**east of** ○○（○○の東に）" "**west of** ○○（○○の西に）"も覚えておきましょう。

左ページの6との違いは、たとえば、"western Tokyo"と言えば「西側の東京」、すなわち杉並区や世田谷区、八王子市のような東京都内を指しますが、"west of Tokyo"は、東京の外の西側、すなわち、川崎市や横浜市、または神奈川県などを指します。この違いをしっかりと把握しておきましょう。

9 talk about ○○ : ○○について話す

10 at the same time : 同じときに／同時に

11 necessary : 必要な／必要で

"necessary"に、接頭辞の"un"をつけて"**un**necessary"となった場合は、「不要な」「余計な」という反対の意味になります。よく使われる表現です。

12 weather station : 測候所

13 National Weather Service : 国立気象局

これの略称は"**NWS**"で、"National Weather Service"と"NWS"は、両方ともよく使われます。海外向けに発信される場合は、頭に"The United States"などをつけて、"The United States National Weather Service"となります。そのときには、日本語でも「アメリカ国立気象局」ということが多いです。

14 the World Meteorological Organization : 世界気象機関

これの略称は、"**WMO**"です。国際連合の専門機関の1つで、「気象事業の国際的な標準化や改善、調整、そして加盟国間や地域間における気象情報・資料を効率的に交換すること」を主な業務としています。本部はスイスのジュネーヴにあり、国連開発グループ（UNDG）の一員です。

15 the National Hurricane Center : 国立ハリケーンセンター

これはフロリダ州のマイアミにある、フロリダ国際大学のキャンパス内にあります。「ハリケーンに関連する気象現象の追跡や予測」を行うアメリカ国立気象局（NWS）の一部門です。

☐ 16 fixed：固定された／一定

これを使った身近な表現として、"**fixed price**（定価）"や"**fixed idea**（固定概念）"があります。
また、"fixed"には「あらかじめ仕組まれた」という意味で使われることもあります。たとえば、裁判などがあらかじめ仕組まれていた場合"**a fixed trial**"と言い、これは「仕組まれた裁判」、すなわち「（裏取引のある）八百長裁判」を表現するときに使われます。

☐ 17 arranged：設計された／配列された

このUnitの例の場合、"arranged"は「配列された」が適切な訳になります。

☐ 18 alphabetically：アルファベット順に

☐ 19 given year：当該年度

これは、すなわち「該当する年」ということです。

☐ 20 in place：適切な場所に／決まった正しい場所

"in place"は「適切な場所に」「決まった正しい場所に」という意味で、ここから派生して「適切な」という意味でも使われます。
また、ほぼ同じ意味で"**in the right place**"という言い方もよく使われています。会話では、むしろ"in the right place"のほうがよく使われます。

　He checked 彼は確認した if もしも the car was parked その車が駐車されているかどうかを **in the right place.** 適切な場所に ／
　Your word was not あなたの発言はなかった **in the right place.** 適切で ／

これらの"in the right place"は、"in place"に置き換えることができますが、"in the right place"のほうが伝わりやすい表現です。

☐ 21 replace：取り替える／取って代わる

☐ 22 deadly：致命的な

☐ 23 generally：一般的に／概して

24 devastating：破壊的な

"**devastated area**"で「荒廃した地域」という意味となり、そこから「被災地」という意味にもなります。
"devastated"は、「荒らされた」や「荒廃させられた」という意味ですから、"devastate"が「荒らす」や「荒廃させる」となり、"devastating"が「破壊的な」という意味になることは想像がつきますね。

25 Sandy：サンディー（ハリケーンの名前の1つ）

ここではハリケーンの名前ですが、"Sandy"は、"Alexander（アレクサンダー）"という男性名の愛称でもあり、"Alexandra（アレクサンドラ）"という女性名の愛称でもあります。どちらも"Alex（アレックス）"という愛称が使われることもありますが、"Sandy"という愛称が使われることも少なくありません。もちろん、"Sandy"は、女性名の"Sandra（サンドラ）"の愛称でもあります。
ちなみに、"sandy"には、「砂だらけの」という形容詞での意味もあります。

Comprehension Test
確認テスト

さあ、いかがでしたでしょうか？
あなたは、以下の質問に答えられるでしょうか？
5ステップ・リスニングを行った後に、これらの質問にスラスラと答えらるようであれば、あなたにニュース番組を聴きこなす英語力が身についてきたことになります。

Questions

Answer the questions referring to the story above.
（上記の番組に関する以下の質問に答えてください）

A What are the hurricanes?
（ハリケーンとは、どのようなものでしょうか？）

B What are other types of tropical storms?
（ハリケーンと同じようなものには、何があるでしょうか？）

C Who began naming hurricanes?
（誰が、ハリケーンに名前をつけ始めたのでしょうか？）

D What are the rules of naming hurricanes?
（名前のつけ方には、どのような決まりがあるのでしょうか？）

★ **Answers**
A They are violent tropical ocean storms.
B They are cyclones and typhoons.
C Australian weather scientists began giving women's names to cyclones.
D They are named arranged alphabetically (omitting the letters Q, U, X, Y and Z) for a given year.

TIP

自然災害（Natural Disasters）の
キー・ボキャブラリーを覚えよう！

「高潮（tidal wave）」「竜巻（tornado）」「地震（earthquake）」など、熱帯性嵐（tropical storms）以外の自然災害のボキャブラリーを紹介しますので、ここで一緒に覚えましょう。

キー・ボキャブラリー①

ここで学ぶボキャブラリーは以下のものです。〈笠原訳〉が挿入された文章を読んで身につけましょう。

- ☐ **1 warning：警報**
- ☐ **2 storm surge：嵐の高まり**
- ☐ **3 flood：洪水／水浸しにする**
- ☐ **4 tidal wave：高潮**

A ｛ The National Weather Service issued 国立気象局は出しました a hurricane **warning** ハリケーン警報を for the west coast. 西海岸に ／

B ｛ If もしも there is そこにあるのなら a **storm surge**, 嵐の高まりが it may **flood** それは水浸しにするかもしれない the houses 家々を again 再び like the **tidal wave** その高潮のように last year. 昨年の ／

キー・ボキャブラリー②

ここで学ぶボキャブラリーは以下のものです。〈笠原訳〉が挿入された文章を読んで身につけましょう。

- ☐ **5 twister：竜巻／旋風／つむじ風**
- ☐ **6 tornado：竜巻**

A **twister** is ツイスターはあります another name 別の名前で for a **tornado**. トルネードの／

キー・ボキャブラリー③

　ここで学ぶボキャブラリーは以下のものです。〈笠原訳〉が挿入された文章を読んで身につけましょう。

- [ ] ７　**earthquake**：地震
- [ ] ８　**landslide**：地滑り

A　The **earthquake** was その**地震**はありました scary, 怖く but しかし it didn't cause それはもたらしませんでした too much damage. 多すぎる損害を／

B　Actually, 実際には it caused それはもたらしました a **landslide** 地滑りを that collapsed そしてそれは崩壊させました a hillside 丘の斜面を onto several homes 数軒の家の上に in my town. 私の町の／

キー・ボキャブラリー④

　ここで学ぶボキャブラリーは以下のものです。〈笠原訳〉が挿入された文章を読んで身につけましょう。

- [ ] ９　**scorcher**：酷暑日／すごく暑い日
- [ ] １０　**drought**：干ばつ

A　It has been 天気はずっとありました so hot とても暑く this summer この夏は -just まさに one **scorcher** 酷暑の１日から after another また別の酷暑日へと for weeks. 何週間にもわたって／

B { Yes, indeed. はい、まさにその通りです ／
The extreme weather has caused その極端な天気はもたらしました a **drought**. 干ばつを ／

前ページ**A**の2行目の"just"の前にある"-（ハイフン）"は、it has just been like 天気はずっと以下のようでした を省略したことを表しています。
", it has just been like"を挿入すると、同じ内容の繰り返しになるため、文章にする際はこのように"-（ハイフン）"を入れることが多くなっています。会話やテレビニュースなどの話す場合では、省略していることを伝えるために"just"の前で少し間を空けることが多くなっています。

キー・ボキャブラリー⑤

ここで学ぶボキャブラリーは以下のものです。〈笠原訳〉が挿入された文章を読んで身につけましょう。

- [ ] ⑪ **blizzard**：猛吹雪／ブリザード
- [ ] ⑫ **avalanche**：なだれ

A { The **blizzard** has brought その**猛吹雪**は持ってきました huge amounts of snow 巨大な量の雪を for the last few days. 最近の2、3日に ／

B { We will have to issue 私たちは発しなくてはなりません **avalanche** warnings. **なだれ**警報を ／

COLUMN

映画みたいにカッコよくイディオムを使おう！⑥

　50ページ、74ページ、92ページ、113ページ、116ページに続いて、再びここでイディオムを見てみましょう。

★ **back-seat driver**：いろいろと横から口を突っ込んで指図する人／おせっかいなガミガミ屋

　車が発明された当初、お金持ちしか車を所有することができませんでした。その当時、車を運転していたのは、そのお金持ちが雇う運転手（chauffeur）でした。ですので、このお金持ちたちが、やれ、「そこを右に曲がれ！」「もっと速く走れ！」などといろいろと指図をしたことから、このイディオムができたということです。

　そして今では、"back-seat driver" になることは、悪い行動であるとされています。ですから、いろいろと良いことを指図をしている人に対して、感謝の意味で "You're such a back-seat driver." などと言うことはできません。相手を怒らせることになりますので要注意です。

★ **get on my nerves**：（私を）イライラさせる

　「（イライラして）神経に触る」という意味で覚えておきましょう。

　上記の2つのイディオムを使っているダイアローグを見て、使い方を確認してください。

A: You know, あのさ I think 私は思うんだ Katy's ケイティーはあると a **back-seat driver**. おせっかいなガミガミ屋だと ／ She often **gets on my nerves** 彼女はしばしば私をいらいらさせるんだ when we go out 私たちが出かけるときに with our friends. 私たちの友人と ／

B: You should tell あなたは言うべきだわ her 彼女に about it それについて because なぜなら it's considered それは考えられているから to be bad behavior. 悪いマナーであると ／

Unit 7

最新の医療技術

Cutting Edge Medical Technology

遺伝子検査のニュース

　このUnitでは医療関連の「遺伝子検査」の特集番組を題材にして、あなたのリーディング力、リスニング力を増強していきます。
　2014年、アメリカの有名な女優のアンジェリーナ・ジョリーが、遺伝子検査で乳ガンの可能性が高いと言われただけで、まだガンになっていないのに両方の乳房の切除手術を受けたというニュースが流れ、世界を驚かせました。
　「遺伝子検査」では、将来予測される病気がわかりますが、ほかにもどのような才能を持っているかもわかるそうです。また、「遺伝子検査」で判明する遺伝子の中には、生まれつきや遺伝のほかに、一時的に生活の中で変異するものや、遺伝的に子供にも引き継がれるであろう因子もわかるということです。
　ここ数年の間に、この「遺伝子検査」は、費用もずいぶん安くなって手軽に誰でも受けられる状況になってきました。
　しかし、このようなことのすべてを「安易に科学的数値を鵜呑みにして良いのか？」という議論も盛んです。
　たとえば、アンジェリーナ・ジョリーの場合、「遺伝子検査」で、将来、乳ガンになる確率が87パーセントと判明したことが、乳房の切除手術を受けた直接の原因です。しかし、13パーセントの確率で、将来にわたって乳ガンにならない可能性もあるのです。少なくとも現在はガンになっていませんし、健康体なのです。それなのに、わざわざ手術を受ける必要があったのか否か、意見が分かれるところです。
　ただし、彼女の母は、乳ガンを含むガンによって若くして亡くなっていますので、アンジェリーナ・ジョリー自身が「自分もいつかは……」と不安だったことは事実でしょう。それをはっきりさせてくれたのも「遺伝子検査」であるという考え方もあるのです。
　このように、いまだ賛否両論のある「遺伝子検査」。あなたは、どのように思いますか？

　あなたのニュース英語に対するリスニング力をさらに伸ばしていくには、「①ニュースを興味深く聴き、②ニュースから学び、③ニュースに対する自分の意見を持って、さらに聴く」ということの繰り返しが効果を発揮します。
　さあ、それでは「遺伝子検査」の特集番組をしっかりと聴きましょう。

News 1

Genetic Testing
遺伝子検査

Story Listening
5ステップ・リスニング

まずは、付属CDで「Story Listening」を聴いて、高速メソッド®の要「5ステップ・リスニング」を実践してください。長いパッセージの英語を聴き取る学習をすると、「映画を字幕なしで見る能力」だけでなく、「長文を素早く読んでいく能力」のような資格試験突破に必要なComprehension能力（理解力）を飛躍的に高めることができます。

それでは始めましょう。Let's get started!

Genetic tests are 遺伝子検査はあります **tests** テストで **on** blood or other **tissues** 血液、またはほかの組織を to find 見つけるための **genetic disorders**. 遺伝子の異常を ／ Over 2000 **items** can be checked. 2000を超える項目がチェックされることが可能です ／

Nowadays, 最近では people use 人々は使います genetic tests 遺伝子検査を for several reasons, いくつかの理由で such as 次のような finding 見つけるために **genetic diseases** 遺伝子病を in **unborn** babies, 胎児の中に finding out 突き止めるために if people carry もしも人々が持っているのなら a **gene** 遺伝子を **associated** 結びつけられている with diseases 病と that might pass そして渡されるかもしれない on to their children, 彼らの子供たちに testing テストするために for genetic disease 遺伝子病を in adults 成人に before **symptoms** appear, 症状が現れる前に and so on. など ／

People have 人々は持っています many different reasons たくさんの異なった理由を for being tested テストされるための or または not being tested. テストされないための ／ For some people, ある人々にとっては it is それはありま

↪続く

続き

す important 重要で to know 知ることが whether 以下かどうか the disease can be prevented or treated その病が避けられるか、または治療されることができるのかを if もしも a test finds あるテストが見つけたならば a possibility 可能性を of a disease. 病の ／

Test results might help 検査結果は助けるかもしれません people make 人々が作るのを life decisions 人生の決断を such as family planning or insurance coverage. 家族計画や保険の補償範囲などを ／

Vocabulary & Structure Building
重要ボキャブラリー&重要構文

　ここでは、Story Listening（5ステップ・リスニング）に出てきた重要なボキャブラリーと重要構文をチェックしていきます。
　マスターしたら、各項目の□マークに✔を入れていきましょう！

☐ **1 genetic tests：遺伝子検査**

☐ **2 test on ○○：○○のテスト**

☐ **3 tissue：動植物の組織／薄くて軽い織物／ガーゼ／ティッシュペーパー**

☐ **4 genetic：遺伝子の**
　　"genetic"は形容詞です（名詞は次ページ10参照）。

☐ **5 disorder：異常**

☐ **6 item：項目**

☐ **7 nowadays：最近は**

☐ **8 genetic disease：遺伝子病**

☐ 9 unborn：まだ生まれていない

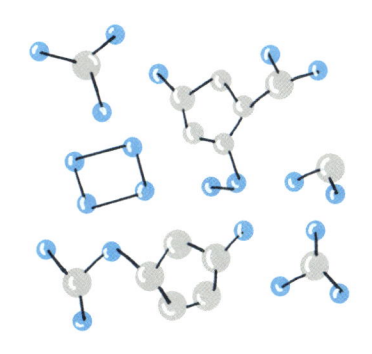

"unborn baby"は「まだ生まれていない赤ちゃん」、すなわち「胎児」という意味になります。

☐ 10 gene：遺伝子

"gene"は名詞です（形容詞は前ページ 4 参照）。

☐ 11 associate：結びつける

"associated with ○○"で「○○を連想する」「○○を結びつけて考える」なので、受動態の"be associated with ○○"となった場合「○○と結びつけられている」となります。

☐ 12 symptoms：症状

☐ 13 prevent：防ぐ

これはそもそも「妨げる」という意味があり、そこから「を防ぐ」という意味で使われます。「避ける」という意味でもよく使われます（156ページ 21 参照）。

☐ 14 insurance：保険

☐ 15 insurance coverage：保険の補償範囲

Comprehension Test
確認テスト

さあ、いかがでしたでしょうか？
あなたは、以下の空欄を埋めることができますか？
答えの最初の1文字目を記してありますので、単語を埋めてみましょう。
5ステップ・リスニングを行った後に、これらの質問にスラスラと答えらるようであれば、あなたにニュース番組を聴きこなす英語力が身についてきたことになります。

Questions

Fill in the blanks! According to this news show;
(空白を埋めてください。このニュース番組によると…)

Ⓐ Genetic tests are tests on b_____ or o_____ t_____ to find g_____ d_____.

Ⓑ Over 2000 i_____ can be checked.

Ⓒ Nowadays, people use genetic tests for several reasons, such as f_____ g_____ d_____ in unborn babies, finding out if people carry a gene associated with diseases that might pass on to their children, testing for genetic disease in adults before s_____ appear, and so on.

★ Answers
Ⓐ blood / other / tissues / genetic / disorders
Ⓑ items
Ⓒ finding / genetic / diseases / symptoms

News 2

Preventive Surgery
予防外科手術

Story Listening
5ステップ・リスニング

まずは、付属CDで「Story Listening」を聴いて、高速メソッド®の要「5ステップ・リスニング」を実践してください。長いパッセージの英語を聴き取る学習をすると、「映画を字幕なしで見る能力」だけでなく、「長文を素早く読んでいく能力」のような資格試験突破に必要なComprehension能力（理解力）を飛躍的に高めることができます。

それでは始めましょう。Let's get started!

Angelina Jolie's decision has **put** アンジェリーナ・ジョリーの決断は当てました **the spotlight** スポットライトを **on preventive surgery.** 予防外科手術に／ Her decision was 彼女の決断はありました to have both of her breasts 彼女の両方の胸をさせることで **surgically removed** 外科的に切断されることを even though she doesn't have 彼女が持っていないにもかかわらず **cancer** ガンを yet. まだ／

Angelina's mother **suffered** アンジェリーナの母親は苦しみました **from breast** and **ovarian cancer** 乳ガンと卵巣ガンに , and **died** そして亡くなりました **of** them それらによって when she was 56 years old. 彼女が56歳だったときに／

Angelina said アンジェリーナは言いました genetic tests **identified** 遺伝子検査は突き止めたと her **chances** 彼女の可能性を **of** getting 得ることの breast cancer 乳ガンを **at** 87 percent 87パーセントで and そして 50 percent 50パーセントで for ovarian cancer. 卵巣ガンを／

↳続く

続き

Her doctors have found 彼女の医者たちは見つけました that 次のことを certain genetic **mutations** can increase 一定の遺伝子の突然変異は増加させうると the **odds** 見込みを of **developing** 発達させる breast and ovarian cancer. 乳ガンと卵巣ガンを ／
Specialists say 専門家は言っています that 次のことを if もしも a woman develops ある女性が発達させたのなら **BRCA-related** cancer BRCA関連のガンを early 早くに in life, 人生の her daughter may get 彼女の娘は得るかもしれません the cancer, そのガンを if she **inherited** もしも彼女が引き継いだのなら the genetic mutation. その遺伝子の突然変異を ／

Vocabulary & Structure Building
重要ボキャブラリー&重要構文

ここでは、Story Listening（5ステップ・リスニング）に出てきた重要なボキャブラリーと重要構文をチェックしていきます。
マスターしたら、各項目の□マークに✔を入れていきましょう！

☐ **1** put the spotlight on ○○：○○にスポットライトを当てる

☐ **2** preventive surgery：予防外科手術

☐ **3** surgically remove：外科的に切断する

☐ **4** cancer：ガン

☐ **5** suffer from ○○：○○に苦しむ

☐ **6** breast cancer：乳ガン

☐ **7** ovarian cancer：卵巣ガン

☐ **8** die of ○○：○○で死ぬ

☐ **9** identify：突き止める／見つける／確認する／見極める

☐ **10** chances of △△ at ○○%：○○%で△△の可能性

☐ 11 mutation：突然変異

"mutation"は「変化」や「変形」という意味ですが、遺伝のトピックの場合「突然変異」という意味になります。"genetic mutation"となれば「遺伝子の突然変異」です。

☐ 12 odds：勝ち目／見込み／公算／可能性

"s"がつかない"odd"は「奇妙な」という形容詞ですが、"s"がついた"odds"は「勝ち目」「見込み」「公算」「可能性」のように、まるで別の意味になります。混同しないように気をつけましょう。

☐ 13 develop：発達させる

"develop"は新しいものを「開発する」という意味でもよく使われます（174ページ 7 参照）。

☐ 14 BRCA：BRCA

"BRCA"は遺伝子の一種です。

☐ 15 ○○-related：○○関連の

☐ 16 inherit：遺伝的に引き継ぐ

このUnitの場合は「遺伝的に引き継ぐ」ですが、ほかにも「相続する」「引き継ぐ」という意味がありますので覚えておきましょう。

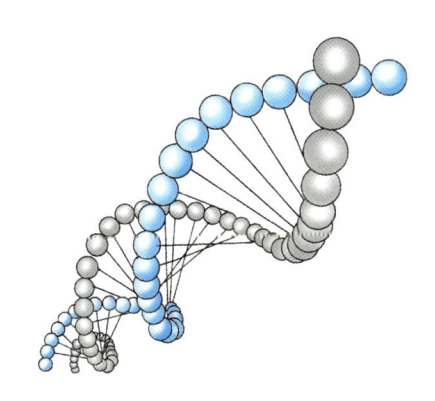

Comprehension Test
確認テスト

さあ、いかがでしたでしょうか？
あなたは、以下の空欄を埋めることができますか？
答えの最初の1文字目を記してありますので、単語を埋めてみましょう。
5ステップ・リスニングを行った後に、これらの質問にスラスラと答えらるようであれば、あなたにニュース番組を聴きこなす英語力が身についてきたことになります。

Questions

Fill in the blanks! According to this news show;
（空白を埋めてください。このニュース番組によると…）

Ⓐ Angelina Jolie's decision has put the spotlight on p_____ s_____.

Ⓑ Angelina said genetic tests i_____ her c_____ of g_____ b_____ cancer at 87 percent and 50 percent for o_____ cancer.

Ⓒ Her doctors have found that certain genetic m_____ can i_____ the o_____ of d_____ breast and ovarian cancer.

★ Answers
Ⓐ preventive ／ surgery
Ⓑ identified ／ chances ／ getting ／ breast ／ ovarian
Ⓒ mutations ／ increase ／ odds ／ developing

Unit 8

貧困家庭の子供たち

Children from Poor Families

貧困家庭の子供のニュース

　このUnitでは、「格差社会」が、子供たちに及ぼす影響についての記事を用意しました。

　「アメリカ」と聞いて、皆さんはどのようなイメージを思い浮かべるでしょうか？

　アメリカンドリーム、ハリウッド映画、エンターテイメントに、有名なIT企業のような明るいイメージでしょうか？

　もちろんこれらも現在のアメリカを表す代表的な言葉ですが、このような明るいイメージとは裏腹に、アメリカには「格差社会」という大きな社会問題が存在しています。

　アメリカは移民によって建国された国で、今でも移民を受け入れています。そのため、さまざまな民族の人たちが暮らしています。したがって、その人たちが、多様な宗教観をはじめとする、さまざまな価値観を持っていることは当たり前なのです。

　このようなアメリカ社会では、国民の経済レベルにも大きな格差が生じています。

　このUnitで学習する今回の記事では、そのようなアメリカの貧しい家庭に生まれた子供たちが受ける、学校教育の質の低下や行き届かない社会のケアを取り上げています。

　ほかのUnitと同様に、今回の記事の内容もフィクションですが、その分「教育問題」を扱っている新聞記事などによく取り上げられるような内容になっています。

　同時に、資格試験にもよく出題される重要なボキャブラリーもふんだんに取り入れています。記事を読みながら、それらの重要なボキャブラリーも身につけていきましょう。

News 1

U.S. failing its children
子供たちの教育に失敗しているアメリカ

Story Listening
5ステップ・リスニング

まずは、付属CDで「Story Listening」を聴いて、高速メソッド®の要「5ステップ・リスニング」を実践してください。長いパッセージの英語を聴き取る学習をすると、「映画を字幕なしで見る能力」だけでなく、「長文を素早く読んでいく能力」のような資格試験突破に必要なComprehension能力（理解力）を飛躍的に高めることができます。

それでは始めましょう。Let's get started!

An **increasing number of** children, 増え続ける数の子供たちが especially poor kids 特に貧しい子供たちは from **indigent** families 低所得層の家族出身の are あります **at risk** 危険な状況に of **growing up** 成長の **illiterate** and **unhealthy**, 字が書けなくて不健康な says a report レポートは言っています from the **National Commission of Children and Families** 子供たちと家族の国家委員会からの in 2012. 2012年に ／

"Poor children 貧しい子供たちは in the USA アメリカ合衆国の are あります in **double jeopardy**. 二重の危険に ／ They have 彼らは持っています the most **health problems** 一番多くの健康問題を and **the least access** そして最小のアクセスを to care," ケアされるべく says the National Commission of Children and Families **quarterly** report. 子供たちと家族の国家委員会の季刊報告は言っています ／

The report says そのレポートは言っています "Poor children **are raised** 貧しい子供たちは育てられます in **households** 家庭に that **experience** それが経験する the most stress, 一番大きなストレスを and yet receive そして今な

↳続く

続き

お、受けている the least **social support**. 最小の社会福祉を ／ Poor children are also 貧しい子供たちは、またあります at the highest risk 一番高いリスクに of educational **failure** 教育の失敗の and often **attend** そしてしばしば通います the worst schools." 一番悪い学校に ／

The report also says, そのレポートはまた言っています "**Parenting** is becoming 親であることは、なってきています **more and more** difficult. どんどんどんどん難しく ／ **As a society**, 社会として America アメリカは should **recognize** and **encourage** 認めて、推奨するべきである **responsible** parenting." 責任のある親になることを ／

Vocabulary & Structure Building
重要ボキャブラリー&重要構文

ここでは、Story Listening（5ステップ・リスニング）に出てきた重要なボキャブラリーと重要構文をチェックしていきます。

マスターしたら、各項目の□マークに✔を入れていきましょう！

☐ **1 increasing number of ○○：増え続ける数の○○**

☐ **2 indigent：低所得層の**

☐ **3 at risk：危険な状況に**

☐ **4 grow up：成長する**

☐ **5 illiterate：字の書けない／文盲の**

"illiterate rate"は「文盲率」のことで、通常「（その国における）読み書きができない人の割合」を言います。この言葉の接頭辞の"il"を取って、"**literacy rate**"と言うと「識字率」、すなわち「読み書きができる人の割合」のことになります。発展途上国支援のような仕事に就きたい人は、教育問題としてこれらのボキャブラリーは必須です。

- [ ] **6 unhealthy：不健康な**
- [ ] **7 National Commission of Children and Families：子供たちと家族の国家委員会**
- [ ] **8 commission：委員会**
- [ ] **9 double jeopardy：二重の危険**
- [ ] **10 health problem：健康問題**
- [ ] **11 the least access：最小のアクセス／最小の手段**
- [ ] **12 quarterly：季刊**

    "quarter"は「4分の1」のことですから、「年に4回」を表します。1年に春夏秋冬の4つの季節があることから、"quarterly"は「季刊」ということになります。

- [ ] **13 be raised：育てられる**
- [ ] **14 household：家庭**
- [ ] **15 experience：経験する**
- [ ] **16 social support：社会福祉**
- [ ] **17 failure：失敗**
- [ ] **18 attend：通う／出席する**
- [ ] **19 parenting：親になる／親である**（親としての仕事をする）

    "parent"は、通常「親」という名詞ですが、これを動詞として使うこともあります。その場合、「親になる」「親である（親としての仕事をする）」という意味になります。

- [ ] **20 more and more：どんどんどんどん／ますます**
- [ ] **21 as a ○○：○○として**
- [ ] **22 society：社会**
- [ ] **23 recognize：認める**

- [ ] **24 encourage：推奨する**
- [ ] **25 responsible：責任のある**

Comprehension Test
確認テスト

さあ、いかがでしたでしょうか？
あなたは、以下の空欄を埋めることができますか？
答えの最初の1文字目を記してありますので、単語を埋めてみましょう。

5ステップ・リスニングを行った後に、これらの質問にスラスラと答えらるようであれば、あなたにニュース番組を聴きこなす英語力が身についてきたことになります。

Questions

Fill in the blanks! According to this news show;
（空白を埋めてください。このニュース番組によると…）

Ⓐ Who especially are at risk of receiving the worst education and the least social care?
（誰に、特に最悪の教育と最低の社会保障を受ける危険があるのですか？）
P_____ kids from i_____ families.

Ⓑ The report also says, "P_____ is becoming more and more d_____".

Ⓒ America should recognize and e_____ responsible p_____.

★ Answers
Ⓐ Poor／indigent
Ⓑ Parenting／difficult
Ⓒ encourage／parenting

Unit 9

3-Dプリンターがもたらす技術革新

3-D Printers Causing Technological Innovation

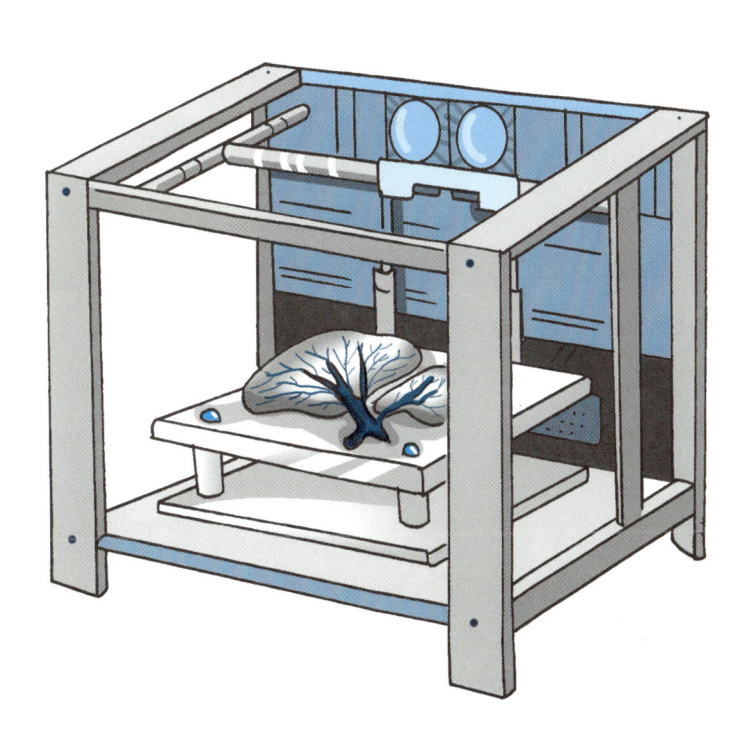

3-Dプリンターのニュース

　このUnitでは、科学技術の分野から「3-Dプリンター」を取り上げます。
　「3-Dプリンター」の「3-D」とは"three-dimensional"、すなわち「3次元」という意味です。
　今までのプリンターが、用紙の上にインクを使って平面的に文字や絵、写真などを印刷するのに対して、3-Dプリンターは、与えられたデータをもとに樹脂や石膏などを使って、立体物を作成（出力）するプリンターです。
　さまざまな分野で、サンプルや模型作りに使われています。当初は1色の色しかありませんでしたが、今ではカラーの立体物ができる3-Dプリンターも使われています。
　この最新の技術が、世の中に革命をもたらしているというのがこのUnitのテーマです。
　まだ私たちの生活の中には、ほとんど入り込んできていないように見える"3-D Printing（3-D印刷）"ですが、実は、新製品の試作品や金型を作るときに使われています。さらに、医療機器ではMRIやCTスキャン、エコーなどよりも有効な道具として使われ出しているのです。
　英語学習という観点から言えば、一見難しそうな用語、たとえば"Magnetic Resonance Imager"は、その頭文字を見てみると"MRI"だったり、"Computer Tomography"も"CT"という、なじみのある単語であることがわかります。
　それでは、3-Dプリンターの活躍ぶりをしっかりと聴いてください。

News 1

3-D Printers Causing Medical Revolution
3-Dプリンターが起こす医療革命

Story Listening
5ステップ・リスニング

　まずは、付属CDで「Story Listening」を聴いて、高速メソッド®の要「5ステップ・リスニング」を実践してください。長いパッセージの英語を聴き取る学習をすると、「映画を字幕なしで見る能力」だけでなく、「長文を素早く読んでいく能力」のような資格試験突破に必要なComprehension能力（理解力）を飛躍的に高めることができます。
　それでは始めましょう。Let's get started!

Jim Ferguson
Good evening, こんばんは I'm 私はあります your host Jim Ferguson. あなたの司会者のジム・ファーガソンで ／
Tonight's first story is 今晩の初めのお話はあります about **3-D printing**. 3-D印刷についてで ／ **Three-dimensional printers**, 3次元プリンターが which **are capable** それは可能です **of** creating 作り出すことが **solid objects**, 固形の物体を are **sparking** 引き金となっています a **revolution** 革命の in the **medical field**. 医療分野に ／
Here's ここにはいます Jenny Morgan ジェニー・モーガンが to tell お話しするために us 私たちに more. さらに ／

Jenny Morgan
A new method 新しい方法は of 3-D printing 3-D印刷の can create 作り出すことができます an **anatomically accurate replica** 解剖学的に正確な複製品を of the human **liver**. 人間の肝臓の ／ That new technology is now helping その新しい技術は今、助けています to guide 案内をすることを **surgeons** 外科医たちを during **complicated procedures**. 複雑な手順の間 ／

↳続く

続き

The 3-D-printed models その3-Dに印刷された模型は of the human liver 人間の肝臓の are made 作られています of **transparent material** 透明な材料から that is **threaded** それは縫われています with colored **arteries** and **veins**. 色づけされた動脈と静脈で／ These livers could help これらの肝臓は助けるでしょう surgeons **prevent** 外科医たちが避けるのを **complications** 複雑なことを when **performing** 手術をしているときに liver **transplants**, 肝臓移植を or または removing 取り除いているときに **cancerous tumors**. ガン化した腫瘍を／

Jim Ferguson
Here's ここにはあります another story 別のお話が about 3-D printing 3-D印刷の in the medical field. 医療分野で／ Jamie Walker is ジェイミー・ウォーカーがいます here ここに to tell お話しするために you あなたに this story. このお話を／

Jamie Walker
Many young **cardiopaths** were born たくさんの幼い心臓病患者たちは生まれました with **hearts** 心臓とともに（心臓を持って）that did not **form** それは形作られなかった as they should have, それらがあるべきであったようには surgeons try 外科医たちが試みます hard 一生懸命に to **correct** 治すために them. それらを／ In those cases, そのような場合に seeing 見ることは the heart **defect** 心臓の欠陥を in **three-dimensional images** 3次元画像で with a **magnetic resonance imager**, a **computer tomography scanner** or **ultrasound machine** 磁気共鳴映像機、コンピューター断層撮影スキャナー、または超音波診断機を用いて really helps とても助けます the surgeons plan 外科医らが計画を立てるのに the best procedure, 最高の手順を but they say しかし彼らは言います nothing can **beat** ゼロのものが打ち負かすことができると holding 持っていることを a **life-size** model 実物大の模型を of a heart 心臓の in their hands 彼らの手に **prior to** the **surgery**. 外科手術の前に／
They can not only plan 彼らは計画できるだけではありません the procedure, その手順を but also しかしまた study 学習できます it

↳続く

続き

それを or または even practice 練習することでさえできます it. それを／

Vocabulary & Structure Building
重要ボキャブラリー&重要構文

ここでは、Story Listening（5ステップ・リスニング）に出てきた重要なボキャブラリーと重要構文をチェックしていきます。

マスターしたら、各項目の□マークに✔を入れていきましょう！

☐ **1 3-D printing：3-D印刷**

☐ **2 three-dimensional printer：3次元プリンター**

これを"**3-D printer**"と言っても同じ意味です。

☐ **3 be capable of ○○：○○できる／○○が可能である**

☐ **4 solid：固体の／固形の**

"**a solid fuel**"と言えば「固形燃料」のことになります。

☐ **5 object：物体**

☐ **6 spark：引き金となる**

"**spark**"には「火花を散らす」や「閃光を発する」という意味がり、そこから「○○への導火線となる」や「○○への引き金となる」という意味でも使われます。

☐ **7 revolution：革命**

☐ **8 medical field：医療分野**

☐ **9 anatomically：解剖学的に**

これは副詞ですが、形容詞の"**anatomical**（解剖の／解剖学上の）"や、名詞の"**anatomy**（解剖学）"も重要です。覚えておきましょう。

- [ ] **⑩ accurate：正確な**
- [ ] **⑪ replica：複製品／レプリカ**
- [ ] **⑫ liver：肝臓**
- [ ] **⑬ surgeon：外科医**
- [ ] **⑭ complicated：複雑な**
- [ ] **⑮ procedure：手順**
- [ ] **⑯ transparent：透明な**
- [ ] **⑰ material：材料／原材料**
- [ ] **⑱ thread：縫う**
- [ ] **⑲ artery：動脈**

"arteries"と複数形で用いられることが多いです。

- [ ] **⑳ vein：静脈**

"veins"と複数形で用いられることが多いです。
ちなみに「血管」は"**blood vessel**"です。これも複数形で用いられることが多いです。

- [ ] **㉑ prevent：避ける**

"prevent"は「防ぐ」という意味でもよく使われます（139ページ⑬参照）

- [ ] **㉒ complication：複雑なこと**

これは可算名詞なので"complications"と複数形で用いられることが多いです。

- [ ] **㉓ perform：手術をする**

"perform"は、基本的に「行う」「成し遂げる」という意味です。言い換えれば、「行う」は"**do**"、「成し遂げる」は"**carry out**"とすることもできますが、"**perform**"のほうが形式的な言葉になります。
このUnitの場合は、外科医が行うことですから「手術をする」という意味にな

ります。
ちなみに、「手術」は"operation"ですから、これと組み合わせて"perform an operation on +○○（患者）"で、「○○（患者）に手術をする」という使い方もします。

☐ 24 transplant：移植／移植する

"blood transfusion"と言うと「輸血」になります。これも覚えておきましょう。

☐ 25 cancerous：ガンの／ガン化した

☐ 26 tumor：腫瘍／腫れた部分

この表現は、"cancer（ガン）"の遠回しの言い方にも使われます。

☐ 27 cardiopath：心臓病患者

☐ 28 heart：心臓

☐ 29 form：形作る

☐ 30 correct：治す

このUnitでは「治す」という動詞ですが、"correct"には「正しい」という形容詞の意味もありますので、あわせて覚えておきましょう。

☐ 31 defect：欠陥／欠損

☐ 32 three-dimensional image：3次元画像

☐ 33 magnetic resonance imager：磁気共鳴映像機

この表現の頭文字を取ると"MRI"です。あなたも知っている言葉ですね。また、この機械を用いた診断方法を"magnetic resonance imaging（磁気共鳴映像法）"と言います。

☐ 34 computer tomography scanner：コンピューター断層撮影スキャナー

頭文字を取ると"CT"です。すなわち「CTスキャン」のことですね。

- [ ] **35 ultrasound machine：超音波診断機**
- [ ] **36 beat：打ち負かす**
- [ ] **37 life-size：実物大の**

  "life-size model" となると「実物大模型」という意味です。

- [ ] **38 prior to ○○：○○に先立って／○○の前に**
- [ ] **39 surgery：外科手術**

  156ページからの23でも説明しましたが、「手術」は"operation"とも言います。

Comprehension Test
確認テスト

さあ、いかがでしたでしょうか？
あなたは、以下の空欄を埋めることができますか？
答えの最初の1文字目を記してありますので、単語を埋めてみましょう。

5ステップ・リスニングを行った後に、これらの質問にスラスラと答えらるようであれば、あなたにニュース番組を聴きこなす英語力が身についてきたことになります。

Questions

Fill in the blanks! According to this news show;
（空白を埋めてください。このニュース番組によると…）

Ⓐ 3-D printing can create an anatomically a_____ r_____ of the human l_____.

Ⓑ It is best for surgeons to have a l_____ model of a heart p_____ to the surgery.

★ Answers
Ⓐ accurate ／ replica ／ liver
Ⓑ life-size ／ prior

News 2

3-D Printers in Manufacturing Industry
製造業での3-Dプリンター

Story Listening
5ステップ・リスニング

まずは、付属CDで「Story Listening」を聴いて、高速メソッド®の要「5ステップ・リスニング」を実践してください。長いパッセージの英語を聴き取る学習をすると、「映画を字幕なしで見る能力」だけでなく、「長文を素早く読んでいく能力」のような資格試験突破に必要なComprehension能力（理解力）を飛躍的に高めることができます。

それでは始めましょう。Let's get started!

Jim Ferguson
Good evening, こんばんは I'm 私はあります Jim Ferguson. ジム・ファーガソンで ／
Today's first story is 本日の最初のお話はあります about 3-D printing, 3-D印刷についてです too. またも ／ We **took up** 私たちは取り上げました this **issue** この話題を in the medical field, 医療分野で yesterday. 昨日 ／
However, しかしながら it is not only useful それは有益なだけではありません there, そこでは but しかし very useful とても有効なのです in the **manufacturing industry, as well**. 製造業におきましても ／
Jenny Morgan has ジェニー・モーガンが持っています the story. そのお話を ／

Jenny Morgan
The high-tech printers can **dramatically** reduce そのハイテクプリンターは劇的に減らします the time and cost 時間とコストを in manufacturing 製造することにおいて new products. 新製品を ／
Because なぜなら 3-D printers **facilitate** 3-Dプリンターは容易

↳続く

159

続き

にします the **conversion** 転換を of ideas アイデアの into new businesses, 新しいビジネスへの the technology will **expand** そのテクノロジーは拡張するでしょう the support base 支持基盤を of the manufacturing industry. 製造業の ／

The **government** has also begun assisting 政府もまた、助成し（後押しし）始めています research and development 研究と開発を for these 3-D printers. これらの3-Dプリンターのための ／

As careful and **precise cutting technology** is needed, 注意深く、そして正確な先端技術が必要とされるにつれて **molds** 鋳型は for **tridimensional** objects 3次元物体のための can take かかることがあります two to three weeks 2から3週間 to make. 作るのに ／

By **comparison**, 比較しますと 3-D printers **utilize** 3-Dプリンターは使います digital technology デジタル技術を to **convert** 変換するのに an object's shape 物体の形を into data データに before creating 作り出す前に it. それを ／ So, それで they could technically take それらは厳密にはかかるでしょう just a few hours たったの2、3時間 to make 作るのに the same object's shape 同じ物体の形を as molds 鋳型と for tridimensional objects. 3次元物体のための ／

Vocabulary & Structure Building
重要ボキャブラリー&重要構文

ここでは、Story Listening（5ステップ・リスニング）に出てきた重要なボキャブラリーと重要構文をチェックしていきます。

マスターしたら、各項目の□マークに✔を入れていきましょう！

☐ **1 take up：取り上げる**

たとえば、"take up a problem"と言うと「問題を取り上げる」となります。

☐ **2 issue：問題／話題**

"issue"が名詞で使われるときは「問題」「話題」以外にも「発行」「論点」など

の意味があり、動詞として使われるときは「発行する」「支給する」など幅広い意味があります。

- [ ] **3 manufacturing industry：製造業**
- [ ] **4 ○○, as well：○○もまた**
  "○○, too"と同じ意味ですが、"○○, as well"のほうが丁寧な言い方です。

- [ ] **5 dramatically：劇的に**
- [ ] **6 facilitate：容易にする／促進する**
- [ ] **7 conversion：転換**
- [ ] **8 expand：拡張する**
- [ ] **9 government：政府**
- [ ] **10 precise：正確な**
- [ ] **11 cutting technology：先端技術**
  これは"cutting edge technology"という言い方もします。

- [ ] **12 mold：鋳型／枠**
- [ ] **13 tridimensional：3次元の**
  "tri"は"three"のことですから、この表現は"three-dimensional"と同じで「3次元の」という意味になります。

- [ ] **14 comparison：比較**
- [ ] **15 utilize：使う**
  これは"use"と同じ意味です。

- [ ] **16 convert：変換する**

Comprehension Test
確認テスト

さあ、いかがでしたでしょうか？
あなたは、以下の空欄を埋めることができますか？
答えの最初の１文字目を記してありますので、単語を埋めてみましょう。

５ステップ・リスニングを行った後に、これらの質問にスラスラと答えらるようであれば、あなたにニュース番組を聴きこなす英語力が身についてきたことになります。

Questions

Fill in the blanks! According to this news show;
(空白を埋めてください。このニュース番組によると…)

Ⓐ 3-D printers can dramatically r____ the t____ and c____ in m____ new p____.

Ⓑ 3-D printers could technically take just a f____ h____ to make the same o____ s____ as m____ for tridimensional objects.

★ **Answers**
Ⓐ reduce / time / cost / manufacturing / products
Ⓑ few / hours / object's / shape / molds

News 3

3-D Printers in Japan
日本での3-Dプリンターの活用

Story Listening
5ステップ・リスニング

　まずは、付属CDで「Story Listening」を聴いて、高速メソッド®の要「5ステップ・リスニング」を実践してください。長いパッセージの英語を聴き取る学習をすると、「映画を字幕なしで見る能力」だけでなく、「長文を素早く読んでいく能力」のような資格試験突破に必要なComprehension能力（理解力）を飛躍的に高めることができます。

　それでは始めましょう。Let's get started!

Jim Ferguson: Here's ここにはあります another story もう1つのお話が about 3-D printing 3-D印刷についての in Japan. 日本での／ Jamie Walker has ジェイミー・ウォーカーが持っています the story. そのお話を／

Jamie Walker: The 3-D printer technology first came into 3-Dプリンターは最初になりました practical use 実用使用に in the 1980s. 1980年代に／ The machines' **accuracy** and speed have improved その機械の正確さとスピードは向上しました **at a time** いっせいに when 次のときに patents 特許 for the technology's main **features** 技術の主要な目玉の have **expired**. 期限切れした／
Now, 今日 **individuals** can purchase 個人が購入できます 3-D printers 3-Dプリンターを for just over 100,000 yen. 10万円ちょっとで／
Japan's Economy, Trade and Industry Ministry **earmarked** 日本の経済産業省は充てています 1.5 **billion** yen 15億円を in assistance 助成するために for developing 開発するための 3-D

↳続く

続き

printers 3-Dプリンターを in its fiscal 2013 draft **budget** 会計2013年度の概算予算に and そして is **aiming** 目指しています for a total of 3 billion yen 30億円を **towards** that goal ゴールに向けて over the next five years. これから足掛け5年にわたって／

The ministry plans その省は計画しています to increase 増やすことを 3-D printers' production speed 3-Dプリンターの生産スピードを by about 100-**fold**, 約100倍に as well as expand 拡張するのと同じように the **scope** その範囲を of objects 物体の that can be made それは作られることができる **in terms of** precision and materials. 精確さと原料に関して言えば／ It also plans それはまた計画しています to assist 補助することを **efforts** 努力を to make 作ることの the **products** その製品を lighter and harder. より軽く、より頑丈に／

In the **medical industry**, 医療産業においては 3-D printers have been used 3-Dプリンターは使われてきました for **casting** 鋳造するために **artificial** bones and dental molds. 人工の骨と歯科の模型を／

The ministry is **eyeing** その省は注意深く見ています a **wide range of applications** 広範囲の適用性を for 3-D printers, 3-Dプリンターの such as たとえば producing 作ることを higher **performance** parts より高い性能の部品を to improve 向上させるために **fuel efficiency** 燃費を and reduce そして減らすために **carbon dioxide emissions** 二酸化炭素の排出を for automobiles. 自動車の／

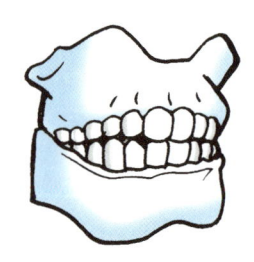

Vocabulary & Structure Building
重要ボキャブラリー&重要構文

ここでは、Story Listening（5ステップ・リスニング）に出てきた重要なボキャブラリーと重要構文をチェックしていきます。

マスターしたら、各項目の□マークに✔を入れていきましょう！

- [ ] **1 accuracy：正確さ**
- [ ] **2 at a time：一度に／同時に／いっせいに**
- [ ] **3 feature：特徴／特色**
  「目玉商品」や「（客を呼ぶための）スター」なども"feature"と言います。
- [ ] **4 expire：期限が切れて無効になる**
- [ ] **5 individual：個人**
- [ ] **6 earmark：（資金などを）充てる／向ける**
- [ ] **7 billion：10億**
- [ ] **8 budget：予算**
- [ ] **9 aim：目指す／狙う**
- [ ] **10 toward ○○：○○に向かって**
- [ ] **11 ○○-fold：○○倍**
- [ ] **12 scope：範囲／視野**
- [ ] **13 in terms of ○○：○○に関して**
- [ ] **14 effort：努力**
- [ ] **15 product：製品**
- [ ] **16 medical industry：医療産業**

- ☐ **17 cast：鋳造する**
- ☐ **18 artificial：人工の／人工的な**
- ☐ **19 eye：注意深く見る**

    "eye"は「目」のことですが、動詞で使われるときは「注意深く見る」という意味になります。

- ☐ **20 wide range of ○○：広範囲の○○**
- ☐ **21 application：適応性**
- ☐ **22 performance：性能**
- ☐ **23 fuel efficiency：燃費**

    "efficiency"は「効率」や「能率」のことを言います。すなわち、"fuel（燃料）"の"efficiency（効率）"なので、「燃費」となります。

- ☐ **24 carbon dioxide：二酸化炭素**
- ☐ **25 emission：排出／排気**

Comprehension Test
確認テスト

さあ、いかがでしたでしょうか？
あなたは、以下の空欄を埋めることができますか？
答えの最初の1文字目を記してありますので、単語を埋めてみましょう。
5ステップ・リスニングを行った後に、これらの質問にスラスラと答えらるようであれば、あなたにニュース番組を聴きこなす英語力が身についてきたことになります。

Questions

Fill in the blanks! According to this news show;
（空白を埋めてください。このニュース番組によると…）

Ⓐ The 3-D printer technology first c_____ i_____ p_____ use in the 1980's.

Ⓑ In the medical industry, 3-D printers have been used for c_____ a_____ bones and dental models.

★ Answers
Ⓐ came / into / practical
Ⓑ casting / artificial

COLUMN

映画みたいにカッコよくイディオムを使おう！⑦

ここでもイディオムを取り上げていきましょう。

★ go with the flow：流れに任せる

"flow"を水の流れとイメージして、その水の流れとともに考えましょう。

A ｛ What 何を would you like あなたは望みますか？ to eat 食べることを for dinner? 夕食に ／

B ｛ I'd like 私は望みます to **go with the flow**. 流れに任せることを ／ Whatever なんでも you decide あなたが決めたことなら is fine 良いです with me. 私にとって ／

★ as the crow flies：直線距離で言うと

"crow"は「カラス」ですね。大きくて黒い鳥です。このイディオムは、「2つの場所を、仮にカラスが飛んだ場合どのくらいの距離になるか？」という意味合いです。その際には、車で街中を走るときのような、道を曲がったりする距離は含まれません。

以下のセンテンスで確認してみましょう。

It isn't それはありません very far, それほど遠くは "**as the crow flies**", 直線距離では but でも you can't get あなたは行けません there そこへは directly. 直接は ／ You have to drive あなたは運転しなくてはなりません around mountains. 山々の周りを ／ So, それで it's それはあります about 300 kilometers 300キロくらい by car. 車で ／

Bonus Cuts
ボーナストラック

Business 2
ビジネス2

ここまで学んできた皆さんに、特別にボーナストラック（Bonus Cuts）をお届けします。
テーマは「ビジネス」です。外国人と仕事をする営業パーソンならば必須のビジネス英語です。
ここでは、情報を収集して、狙ったキーパーソンにアプローチする英語、交渉の仕方や契約に必須の英語を学んでいきます。

Story 1　アプローチ・Approach

　ここでは、ビジネスの場面でアプローチする方法を学びます。具体的には、その業界に詳しい人にアドバイスを受けたり、上司に報告や相談をする際の英語です。

Scene 1　まず、誰にアプローチしましょうか？

◉ Story Listening：5 ステップ・リスニング

Bob
We really need to get 私たちは本当に得る必要がある new products 新しい製品を for the next **exhibition**. 次回の展示会のために／ Now, 今 I'm thinking 私は考えています of approaching アプローチすることを the famous **winery**, Bonjour. 有名なワイン醸造所であるボンジュールを／ Who 誰を do you recommend あなたは勧めますか？ we approach 私たちがアプローチするのに first? 初めに／

Cathy
I **recommend** 私は推薦します **that** 次のことを you **contact** あなたがコンタクトすべきだと the famous wine connoisseur, Mr. Charles Marceau. その有名なワインソムリエのシャルル・マルソー氏を／ He writes 彼は書いています a lot of wine **reviews** たくさんのワイン論評を in a lot of magazines, たくさんの雑誌に so それで his wine reviews are always very important 彼のワイン論評はいつも大変重要です to wineries. ワイン醸造所にとっては／

Bob
Oh, ああ thanks! ありがとう／ I'll approach 私はアプローチしてみます him. 彼に／

◉ Vocabulary & Structure Building：重要ボキャブラリー＆重要構文

☐ **1** exhibition：展示会

☐ **2** winery：ワイン醸造所

☐ 3 ○○ recommend that A（主語）＋B（動詞）：○○はAがBすることを勧める

"○○ recommend that"の後の従属節は「主語＋原形動詞」になります。
これは、subjunctive mood（仮定法）と言う、とても重要な構文です。日本の学校英語ではあまり取り上げられないことが多いのですが、実際の日常英会話では、物事を勧めるときによく使います。もちろん、ビジネス英会話でも頻繁に使われます。
また、TOEIC®TESTやTOEFL®TESTでも、頻出の文法事項です。
したがって、中級以上のレベルの方々は、ぜひ知っておくべき重要事項なのです。

☐ 4 contact：接触する／連絡を取る

☐ 5 reviews：論評

Scene 2　アポが取れました

CD4-2

● **Story Listening**：5 ステップ・リスニング

Cathy　Have you contacted あなたはコンタクトを取りましたか？ Mr.Charles Marceau, the wine connoisseur? そのワインソムリエのシャルル・マルソー氏に／

↳続く

続き

Bob No, not yet. いいえ、まだです／I'm trying 私は試みています but しかし I haven't been able to get hold of 私は連絡が取れていません him 彼に yet. まだ／

----- In a week：1週間後 -----

Cathy Have you gotten hold of あなたは連絡が取れましたか？ the wine connoisseur そのワインソムリエに yet? もう／

Bob Yeah, finally. はい、とうとう／He's a really busy man. 彼は本当に忙しい人なんだ／It took それはかかりました me 私に a long time and lots of work 長い時間とたくさんの手間が just to get in touch ただ、連絡を取るだけのために with him. 彼と／But でも I made 私は作りました an appointment アポを with him 彼と for next Tuesday. 来週の火曜日に／Thanks ありがとう for the idea. そのアイデアを／He's got 彼は持っています a lot of influence たくさんの影響力を on wineries. ワイン醸造所に／

● Vocabulary & Structure Building：重要ボキャブラリー＆重要構文

☐ **1 get hold of ○○：○○と連絡を取る／（連絡を取るために）○○をつかまえる」**

たとえば、「トニーと連絡が取れないんだよ」という場合、"I can't get hold of Tony."と言います。

☐ **2 get in touch with ○○：○○と連絡を取る**

「連絡を取り続けていく」は"**keep in touch with** ○○"や"**stay in touch with** ○○"がよく使われます（34ページ 18 参照）。たとえば、"Let's keep in touch!"は「これからも連絡を取り合おうよ！」となり、友だちとのe-mailや手紙でよく使われます。

☐ **3 make an appointment with ○○：○○とアポを取る／○○と会う約束をする**

☐ **4 influence on ○○：○○に影響力を／○○への影響力**

Story 2　取引・Deal

　ここでは、約束を取り付けた相手に対して、契約内容を提案したり、見積もりを依頼するなど、取引をするときのビジネス英会話を学びます。

Scene 1　独占販売権を望みます

CD 4-3

● **Story Listening**：5 ステップ・リスニング

Peter:　We've been **dealing** 私たちは取引してきています **with** each other お互いに for a long time. 長い間 ／ We've been **promoting** 私たちは販売促進してきています your products あなた方の製品を for a long time, 長い間 and そして they've been **selling** それらは売れてきています really **well**. 本当によく ／

Nancy (Peter's client):　Thank you ありがとうございます so much. たくさん ／ We really **appreciate** 私たちは本当に感謝しております your efforts. あなた方の努力に ／

Peter:　**Recently**, 最近 we've been promoting 私たちは販売促進してきています your new **water purifier**, "The Isotonic Purifier". あなた方の新しい浄水器である「ザ・アイソトニック・ピューリファイアー」を ／ We believe 私たちは信じています that 次のことを it is going to be それがなるだろうと one 1つに of the biggest hits 一番大きいヒットに in the history その歴史の中で of your company. 御社の ／

Nancy:　We believe 私たちは信じています so, そのように too. また ／ It took それはかかりました us 私たちにとって a long time and a lot of effort 長い時間と多大なる努力を to **develop** 開発するのに it. それを ／

↳続く

続き

Peter　So, then. そしてそれで ／ What ことは we are hoping 私たちが望んでいる is to get 得ることです exclusive distribution rights 独占的な販売権を for the product. その製品についての ／

Nancy　All right. 了解いたしました ／ You are very important あなた方は大変重要です to us, 私たちにとって but でも this is a very serious matter. これはとても重大な問題です ／ I have to talk 私は話さなくてはなりません to my boss and the board members. 私の上司と取締役に ／ I'll probably contact 私はたぶん連絡します you あなたに the week after next. 再来週に ／

● **Vocabulary & Structure Building**：重要ボキャブラリー＆重要構文

☐ 1 **deal with** ○○：○○と取引をする

☐ 2 **promote**：販売促進する

☐ 3 **sell well**：よく売れる

☐ 4 **appreciate**：感謝しています

☐ 5 **recently**：最近

☐ 6 **water purifier**：浄水器

☐ 7 **develop**：開発する

☐ 8 **exclusive distribution rights for** ○○：
　　○○についての独占的な販売権

☐ 9 **boss**：上司

☐ 10 **the week after next**：再来週

Scene 2　取引する機会をありがとうございます

● **Story Listening**：5 ステップ・リスニング

Peter　Thank you ありがとうございます for giving 与えてくださって us 私たちに the **opportunity** 機会を to deal 取引する with you. あなた方と ／

Nancy　**You're welcome.** どういたしまして ／ Now, さて let's **get down** 本気で取りかかりましょう **to** business. ビジネスに ／ **First**, 初めに I'd like to **discuss** 私は話し合いたいです the details 詳細事項を of our **contract**. 私たちの契約書の ／ Let's talk 話しましょう about the price 値段について for each product. それぞれの製品につきまして ／ The first one is the **air extractor** called "Air-Out". 最初のものは「エアーアウト」と呼ばれている換気扇です ／ How much おいくらだと will you **offer** あなた方は提案なさいますか？ us 私たちに for it? それに ／

Peter　Well, ええと twenty-five dollars is 25ドルはあります **our best price**, 私たちの一番良いお値段であると I should say. 私は言うべきでしょう ／

● **Vocabulary & Structure Building**：重要ボキャブラリー＆重要構文

☐ **1 opportunity：機会**

☐ **2 You are welcome.：どういたしまして**

☐ **3 get down to ○○：○○の話に本気で取り掛かる**

☐ **4 first：初めに**
　これは"**first of all**（まず初めに）"とほぼ同じ意味です。

☐ **5 discuss：話し合う**

☐ **6 contract：契約書**

☐ **7 air extractor：換気扇**

- [ ] **8 offer：申し出る／申し出**
- [ ] **9 our best price：私たちの一番良いお値段**

　　最大限にできる譲歩という意味では "**our best deal**" とも言います。

Scene 3　見積もりをお願いします

◉ Story Listening：5 ステップ・リスニング

Peter　In terms of **this type of service**, このタイプのサービスに関して言えば we usually give 私たちは通常与えています everyone 皆さんに **a flat rate** 均一の料金を of 55 dollars. 55 ドルの ／

Nancy　We'd like 私たちは望みます you あなた方に to **estimate** 見積もることを the total cost. その総費用を ／

◉ Vocabulary & Structure Building：重要ボキャブラリー&重要構文

- [ ] **1 this type of service：このタイプのサービス**
- [ ] **2 a flat rate：均一の料金**

　　"**flat**" は「平らな」ですから、"**flat rate**" は「平らにならした料金」、すなわち「均一の料金」となります。

- [ ] **3 estimate：見積もる**

Story 3　交渉・Negotiation

　ここでは、自社の実績や専門性などの長所を上手にアピールして、契約にこぎつける方法や、価格を交渉する方法などを学びます。

Scene 1　長期にわたる経験と実践的な専門知識があります

● Story Listening：5ステップ・リスニング

Jeff　I heard 私は聞きました you're **looking for** あなた方が探していると an **agent** 代理店を to **represent** 代表する you あなた方を in Japan. 日本で／

Robert　Yes, はい that's right. そのとおりです／ Our **long-term goal** is 私たちの長期的な目標は to **establish** 確立することです a branch 支店を or または to get 得ることです a **representative** 代理人を here in Japan. ここ、日本で／

Jeff　We would like to be 私たちはなりたいと思っております your representative あなた方の代理人に in Japan. 日本での／ We have 私たちは持っています twenty five branch offices 25の支店事務所を **all over** Japan. 日本中に／ We also have 私たちはまた持っています long-term experience and **hands-on** expertise 長期にわたる経験と実践的な専門知識を **dealing with business** 商取引をするのに in Japan. 日本で／

● Vocabulary & Structure Building：重要ボキャブラリー&重要構文

☐ **1 look for**：探す

☐ **2 agent**：代理店

☐ **3 represent**：代表する／代理をする

〔Bonus Cuts〕

- ☐ 4 long-term：長期間にわたる
- ☐ 5 long-term goal：長期的な目標
- ☐ 6 establish：確立する
- ☐ 7 representative：代理人
- ☐ 8 all over ○○：○○中に
- ☐ 9 hands-on：実地の／現場での／実践的な
- ☐ 10 deal with business in ○○：○○で取引をする

Scene 2　結論には至りませんでした

CD4 7

● **Story Listening**：5ステップ・リスニング

Peter　Have you **decided about** あなた方は決めましたか？ anything 何かを **with** the new contract 新しい契約について yet? もう／

Nancy　No, いいえ we haven't 私たちは決めていません yet. まだ／ I'm sorry, 申し訳ございません but しかし we're not **prepared** 私たちは準備ができていません **to make a decision** 決定をする yet. まだ／ Last week, 先週 our board of directors **discussed** 私たちの取締役会は、話し合いました **the matter**, その問題について but しかし they didn't **come to an agreement**. 結論には至りませんでした／ We need 私たちは必要です **some more time**. もういくらかの時間が／

Peter　We'll be **waiting** 私たちはお待ちしております **for** your decision. あなた方の結論を／

● **Vocabulary & Structure Building**：重要ボキャブラリー＆重要構文

☐ **1 decided about ○○ with △△**：△△について○○を決める

☐ **2 be prepared to ○○**：○○する準備ができている

☐ **3 make a decision**：決定をする

☐ **4 discuss the matter**：その問題について話し合う

☐ **5 come to an agreement**：合意に至る／結論に至る

☐ **6 some more time**：もういくらかの時間

☐ **7 wait for ○○**：○○を待つ

Scene 3 この条件で契約したいです

● **Story Listening**：5ステップ・リスニング

Nancy　We'd like to **accept** 私たちは受け入れたいと思っております your offer, あなた方のお申し出を but しかし only **under these conditions**. これらの条件下によってのみです／

Peter　Well, ええ let's see. そうですね／ We would like to **sign** 私たちは署名したいです this contract この契約書に **in this condition** この条件で if もしも it's OK 大丈夫でしたら with you. あなた方にとって／

Nancy　I think 私は思います we have **reached** 私たちは到達しました only **a basic agreement**, 基本的な合意にのみ but でも the details have yet to be negotiated. 詳細はまだ交渉されるべきです／

● Vocabulary & Structure Building：重要ボキャブラリー&重要構文

☐ **1** accept：受け入れる

☐ **2** under these conditions：これらの条件のもとで

☐ **3** sign ○○：○○に署名する

☐ **4** in this condition：この条件で

"**in** this condition" と "**on** this condition" は、"**in**" と "**on**"、つまり "**i**" と "**o**" のたった1文字違いで似ていますが、意味は大きく異なります。

"**in** this condition" は「この条件どおりで」となり、問題はありませんが、"**on** this condition" には注意が必要です。アメリカでは、しばしば "on condition that ○○" という構文でも使われるのですが、その場合 "that" 以下は deal breaker と呼ばれ、その前とは反対で、さらなる制限を加える内容が記されているからです。契約するときには注意が必要です。

☐ **5** reach an agreement：合意に達する

Story 4　契約・Contracts

　さまざまな交渉の末、やっと契約にこぎつけたときは本当に嬉しいもので、満足感もひとしおでしょう。

　しかし、契約書（contract）、同意書（agreement）などには、最後まで気をつけなくてはなりません。一般的に契約書はわかりにくく、さまざまな専門用語（jargon）が登場してきますので、なおさら気をつけて確認しなくてはいけないものです。しかしながら、契約書が出てきた時点で、それをよく確認しない人がたくさんいます。これには注意が必要です。

　アメリカでは、「これから話すことは、契約書と同じ効力を有する」などと宣言してから、その契約時のミーティング内容の一部始終を録音（tape）することがあります。このようなことは、知的財産の譲渡のような大切なミーティングのときに多く見受けられます。

　また、外国企業と契約する際、日本と同じように、双方に書面を送って署名することが多くありますが、その際、証人（witness）の署名を要求（require）することが一般的です。

　このように契約はとても複雑であると同時に、とても大切です。つまり、そこまでの過程と、それを支えるビジネス英会話力は当然とても重要になるわけです。

Scene 1　契約書をよくお読みください

● **Story Listening**：5ステップ・リスニング

Peter　When いつ will this contract **become** この契約はなりますか？ **effective**? 有効に ／

Nancy　From the **signature date**. 契約日からです ／ I recommend 私は推薦します you read あなたが読むことを the **clauses** その条項を **on the other side** 裏面の carefully. 注意深く ／

〔Bonus Cuts〕

● **Vocabulary & Structure Building**：重要ボキャブラリー&重要構文

☐ **1** become effective：有効になる

☐ **2** signature date：署名日／契約日

☐ **3** clauses：条項

☐ **4** on the other side：裏面の／裏面に

Scene 2　申し上げにくいのですが、契約違反です

● **Story Listening**：5 ステップ・リスニング

Nancy　We **regret** 私たちは後悔しています **to** say 言うことに this これを but, しかし you have **violated** あなた方は違反しました the agreement. その契約（同意書）を ／ I'm afraid 申し訳ございませんが we might have to cancel 私たちは解消しなくてはならないかもしれません the contract. その契約を ／

Peter　We are very sorry 大変申し訳ございません for the problem, その問題につきまして but しかし we didn't mean 私たちは意味しておりません to **offend** 攻撃することを you. あなた方を ／ However しかしながら we still believe 私たちは今でも信じております that 次のことを we didn't violate 私たちが違反をしていないと the agreement. その契約書に ／ Could you **check** 確認していただけますか？ it それを **again**? もう一度 ／

● **Vocabulary & Structure Building**：重要ボキャブラリー＆重要構文

☐ **1** regret to ○○：残念ながら○○しなくてはなりません

☐ **2** violate：違反する

☐ **3** offend：攻撃する

☐ **4** check ○○ again：○○をもう一度確認する

COLUMN

映画みたいにカッコよくイディオムを使おう！⑧

　ここでは少し怖い話になりますが、このイディオムはときどき映画に出てくるので聞いたことがある人は多いと思います。これは良くない言葉ですので、聞いたときにわかる程度に覚えておきましょう。

★ **kick the bucket：くたばる**

　この表現を直訳すると「バケツを蹴る」ですが、これが「（人の）死」を意味します。実際の意味は「くたばる」という悪い言い方ですので映画で聞くことが多くても、実際に皆さんが会話で使うときには十分気をつけてください。

　この由来は「首を吊って死ぬときに、最後に足の下にあるバケツを蹴って首を吊るから」と言っている人が多いようです。

　でも、私が知る限りそうではありません。この場合の"bucket"は「バケツ」のことではないのです。

　イギリス北東部のNorfolkでは、豚肉を吊るす梁（通常英語では"beam"）を"bucket"と言います。皆さんもご存知のように、解体された豚肉が吊るされているとき、足首がロープで縛られて逆さに吊るされています。この状況は、「足が上の梁（bucket）を蹴っている」ように見ることもできます。解体された豚肉を「死」と考えれば、"kick the bucket"は「死ぬ」という意味になります。でも、この言葉、汚い言い方ですので「くたばる」という訳が適切でしょう。このように悪い言い方ですので十分注意してください。

Speaking Practice：4ステップ・スピーキング

　ここでは、高速メソッド®のもう一つの特徴である「4ステップ・スピーキング（4段階高速スピーキング）」を体験していただきます。
　「5ステップ・リスニング」の高速リスニングでマスターし、「重要ボキャブラリー＆重要構文」でチェックした重要事項を、とっさに英語を話す（Speaking）ときでも使えるようにしたものが、「4ステップ・スピーキング（Speaking Practice）」です。

「➡」の後に、その部分の英語を言ってみましょう（右ページに答えあり）

1 その開発には、長い年月と大きな労力がかかりました。　　CD4 11
　　それはかかりました ➡
　　私たちにとって ➡
　　長い時間と多大なる努力を ➡
　　開発するのに ➡
　　それを ➡

2 初めに、私たちの契約の詳細事項について、話し合いをお願いします。　　CD4 12
　　初めに ➡
　　私は話し合いたいです ➡
　　詳細事項を ➡
　　私たちの契約書の ➡

3 また私たちは、日本において取引をしてきた、長期にわたる経験と実践的な専門知識を持っています。　　CD4 13
　　私たちはまた持っています ➡
　　長期にわたる経験と実践的な専門知識を ➡

　　商取引をするのに ➡
　　日本で ➡

今までマスターした重要事項を「4ステップ・スピーキング」でさらに学ぶことによって、英語力がより増強されます。その結果、とっさの英会話でもスラスラ話せるようになります。「4ステップ・スピーキング」は、あなたの英語力を、より強固にするものなのです（「4ステップ・スピーキング」の詳細は250ページ参照）。
　それでは始めましょう。Let's get started!

1 It took us a long time and a lot of effort to **develop** it.

それはかかりました ➡ **It took**
私たちにとって ➡ **us**
長い時間と多大なる努力を ➡ **a long time and a lot of effort**
開発するのに ➡ **to develop**
それを ➡ **it.** ／

2 **First**, I'd like to **discuss** the details of our **contract**.

初めに ➡ **First,**
私は話し合いたいです ➡ **I'd like to discuss**
詳細事項を ➡ **the details**
私たちの契約書の ➡ **of our contract.** ／

3 We also have **long-term** experience and **hands-on** expertise **dealing with business in** Japan.

私たちはまた持っています ➡ **We also have**
長期にわたる経験と実践的な専門知識を
　　　　　➡ **long-term experience and hands-on expertise**
商取引をするのに ➡ **dealing with business**
日本で ➡ **in Japan.** ／

4 私たちは、この条件で契約書に署名したいです。
　　私たちは署名したいです ➡🔊
　　この契約書に ➡🔊
　　この条件で ➡🔊

5 裏面の条項を注意深く読むことをお勧めします。
　　私は推薦します ➡🔊
　　あなたが読むことを ➡🔊
　　その条項を ➡🔊
　　裏面の ➡🔊
　　注意深く ➡🔊

6 この契約は、契約日から効力が発生します。
　　この契約は、有効になります ➡🔊
　　契約日に ➡🔊

4 We would like to sign this contract in this condition.

私たちは署名したいです ➡ We would like to sign
この契約書に ➡ this contract
この条件で ➡ in this condition.

5 I recommend you read the clauses on the other side carefully.

私は推薦します ➡ I recommend
あなたが読むことを ➡ you read
その条項を ➡ the clauses
裏面の ➡ on the other side
注意深く ➡ carefully.

6 This contract will become effective on the signature date.

この契約は、有効になります ➡ This contract will become effective
契約日に ➡ on the signature date.

(Bonus Cuts)

Check this out!
重要ボキャブラリー一覧

ページの左側に英語を、右側に日本語を載せていますので、どちらかを隠して覚えていきましょう。
わからなかったものには、左側の□マークに✔を入れます。これをわからないフレーズやボキャブラリーがなくなるまで行いましょう。

Unit 1　思い出話・Reminiscences

Skit 1　Bumping into each oter!：偶然ばったりと！

☐ run into	☐ 偶然会う／ばったり会う
☐ home town	☐ 故郷／ホームタウン
☐ Long time no see.	☐ お久しぶりです
☐ It's been a while.	☐ ご無沙汰しています
☐ It's been a long time.	☐ ご無沙汰しています
☐ see each other	☐ 顔を合わせる
☐ graduation	☐ 卒業
☐ ○○ or more	☐ ○○以上
☐ that's right	☐ その通りだね
☐ Time flies.	☐ 時が経つのは早い
☐ alumni association	☐ 卒業生の会／OB会
☐ Did you know ○○?	☐ ○○があることを知っている？
☐ class reunion	☐ 同窓会
☐ be held	☐ 開催される
☐ Oh, really?	☐ ええ、本当に？
☐ out of town	☐ 市外に
☐ lose touch with ○○	☐ ○○と連絡をしなくなる
☐ Will you go?	☐ あなたは行きますか？
☐ How about you?	☐ あなたはどう？
☐ Are you coming?	☐ あなたは来ますか？

☐ you bet	☐ もちろん
☐ move	☐ 引っ越す
☐ back	☐ 戻って
☐ unpack	☐ 荷解きをする

Skit 2　At the class reunion!：大学の同窓会で

☐ reunion	☐ 再会の場
☐ I heard that ○○	☐ ○○のことを聞きました
☐ if I remember correctly	☐ 私の記憶が正しければ
☐ be dating	☐ 付き合っている
☐ when + 主語 + 過去形	☐ ○○（主語）が、△△だったときに
☐ still	☐ いまだに
☐ be seeing	☐ 付き合っている
☐ each other	☐ お互いに
☐ unfortunately	☐ 残念なことに
☐ split up	☐ 別れる
☐ I'm sorry to hear that.	☐ それを聞いてお気の毒です
☐ Don't be sorry.	☐ 謝らないで／そんなに気にしないで
☐ a long time ago	☐ 昔／ずいぶん前
☐ get over	☐ 乗り越える
☐ in our university days	☐ 私たちの大学時代に
☐ I'm not sure if ○○	☐ ○○かどうかは、わかりません
☐ yet	☐ まだ（否定文）／もう（疑問文）
☐ keep in touch with ○○	☐ ○○と連絡を取り合っている
☐ Not really.	☐ いいえ、別に
☐ get along with ○○／get along well with ○○	☐ ○○と仲良くやる／○○とうまくいく
☐ former	☐ 以前の
☐ transfer	☐ 転勤させる
☐ let ourselves loose	☐ 別れる
☐ Oh, my goodness.	☐ ああ、なんてことだ
☐ You shouldn't have!	☐ あなたは、するべきではなかったよ

〔Check this out!〕

☐ should have ○○（過去分詞）	☐ ○○すべきだったのに、しなかった
☐ marry	☐ 結婚する

Skit 3　Reminicing together：思い出話

☐ catch up with ○○	☐ 久しぶりに○○と語り合う／○○に追いつく
☐ Alright!	☐ オッケー／大丈夫／了解
☐ prom	☐ ダンスパーティー
☐ biology	☐ 生物学
☐ substitute teacher	☐ 代講の先生
☐ a friend of mine	☐ 私の友人の1人
☐ funny	☐ 面白い
☐ follow	☐ 後に続く
☐ somehow	☐ どういうわけか／どうにかして
☐ the best story teller ever	☐ 今までで最高のストーリーテラー
☐ luckily	☐ 幸いなことに／運の良いことに
☐ had never spoken	☐ （過去のそのときまでは）話したことがなかった
☐ bachelor	☐ 独身／学士号
☐ ex-○○	☐ 前の○○
☐ even though ○○	☐ ○○であるにもかかわらず／○○であるというのに

Skit 4　Meeting again：再会

☐ What have you been doing?	☐ あなたは何をしていましたか？
☐ since then	☐ あのとき以来
☐ leave for ○○	☐ ○○へ向けて旅立つ
☐ leave my job	☐ 仕事を辞める
☐ take a trip to ○○	☐ ○○へ旅行をする
☐ get a job	☐ 職を得る
☐ study for ○○	☐ ○○の勉強をする／○○（資格）取得のために勉強をする

☐	TESOL	☐	Teaching English to Speakers of Other Languagesの略
☐	work for ○○	☐	○○で働く
☐	trading company	☐	貿易会社
☐	administrative assistant	☐	秘書
☐	think of ○○	☐	○○を考える／○○を思いつく
☐	that changed me a lot	☐	それは私の考えを大きく変えた
☐	for almost ○○ years	☐	約○○年間
☐	branch manager	☐	支店長
☐	as you know	☐	君も知っているように
☐	economic recession	☐	不景気
☐	close down	☐	（お店や支店を）閉鎖する
☐	be fired	☐	クビになる
☐	resign	☐	辞める
☐	quit	☐	辞める
☐	chose	☐	choose（選ぶ）の過去形
☐	I didn't mean that	☐	そういうつもりではなかったんだ
☐	realize	☐	悟る／よくわかる
☐	nothing but ○○	☐	○○だけ
☐	at that time	☐	そのときには
☐	thinking about you	☐	あなたのことを考えて
☐	seriously	☐	真剣に
☐	you should have said	☐	あなたは言うべきだった
☐	anyway	☐	とにかく
☐	blame △△（人）for ○○	☐	△△（人）を○○のことで責める
☐	What happened after that?	☐	あの後、何があったの？
☐	It's a long story.	☐	話せば長くなるから／いろいろあってね
☐	I'm listening.	☐	聞くから言ってちょうだい
☐	you know	☐	あのね
☐	stock dealer	☐	株の仲買人
☐	depression	☐	恐慌

☐ ○○ made me think	☐ ○○（というきっかけ）で、私は考えさせられました
☐ feel responsible for ○○	☐ ○○に責任を感じている
☐ loss	☐ 損失／喪失／失うこと
☐ something else	☐ 何かほかのこと
☐ move to ○○	☐ ○○へ引っ越す
☐ shop owner	☐ 店のオーナー
☐ run	☐ 経営する
☐ inn	☐ 旅館
☐ do well	☐ 良くやる／うまくいく
☐ things didn't go well	☐ うまくいかなかった
☐ between us	☐ 私たちの間で
☐ ○○ either	☐ ○○も
☐ get divorced	☐ 離婚する
☐ be single	☐ 独身で
☐ didn't work out	☐ うまくいかなかった
☐ go back in time	☐ 時間をさかのぼる
☐ go out	☐ 出かける
☐ Let me see.	☐ ええと
☐ I'd love to.	☐ 喜んで
☐ Tapas bar	☐ タパスバー
☐ used to ○○	☐ かつてはよく○○したものだ

Unit 2　ペット、動物・Pets and Animals

Skit 1　I'm afraid of snakes！：私は蛇が怖いです

☐ lovely	☐ 美しい／すばらしい
☐ breeze	☐ そよ風
☐ Watch out!	☐ 気をつけて
☐ I'm afraid of ○○	☐ ○○が怖い
☐ insect	☐ 昆虫

☐	beetle	☐	カブトムシ
☐	be OK with ○○	☐	○○には大丈夫です
☐	harmful	☐	有害な／害を及ぼす
☐	bug	☐	昆虫
☐	sting	☐	刺す
☐	bite	☐	噛む／噛みつく
☐	harmless	☐	無害な／害がなく
☐	dog person	☐	愛犬家
☐	pass away	☐	亡くなる
☐	concern	☐	気遣い
☐	in my heart	☐	心の中に
☐	in the first grade to eighth grade	☐	１年生から８年生までに
☐	doggie	☐	小さい犬
☐	treat	☐	おやつ
☐	walk ○○	☐	○○（犬などの動物）を散歩させる
☐	be allowed to ○○	☐	○○を許されている
☐	feel comfortable	☐	心地よく感じる／快適に感じる
☐	doze off	☐	居眠りする
☐	puppy	☐	子犬
☐	kitten	☐	子猫
☐	not only ○○ but also △△	☐	○○だけではなく、△△もまた
☐	come over	☐	（訪ねて）来る

Skit 2　Animal Assisted Therapy：アニマルセラピー

☐	for the first time in a long time	☐	久しぶりに
☐	start ○○ing	☐	○○し始める
☐	animal assisted therapy	☐	アニマルセラピー
☐	grooming	☐	身づくろい
☐	pet groomer	☐	ペットトリマー
☐	elderly people	☐	お年寄り
☐	stray	☐	道に迷う／はぐれる

- [ ] therapy animal — セラピーアニマル

Skit 3　Being a Vegetarian：ベジタリアンであること

- [ ] What's your diet like? — あなたの日頃の食事は、どんな感じですか？
- [ ] vegetarian — ベジタリアン
- [ ] red meat — 赤身肉
- [ ] cruel — 残酷な
- [ ] besides ○○ — ○○に加えて／○○のほかに
- [ ] dairy products — 乳製品
- [ ] substitute ○○ for △△ — ○○を△△の代わりに用いる／○○を△△の代わりに使う／○○に△△の代理をさせる
- [ ] soy milk — 豆乳
- [ ] soy product — 大豆製品

Skit 4　Responsibilities of Animal Owners：飼い主の責任

- [ ] lifespan — 寿命
- [ ] what's more — そのうえさらに
- [ ] look after ○○ — ○○の世話をする
- [ ] not ○○ but △△ — ○○ではなく、△△である
- [ ] not because ○○ but because △△ — ○○だからではなく、△△だからである
- [ ] it's a pain in the neck — めんどうくさい
- [ ] sensitive — 繊細な
- [ ] see them die — 死ぬのを見る
- [ ] out of curiosity — 好奇心から
- [ ] get involved with ○○ — ○○に巻き込まれる／○○にかかわる
- [ ] something to do with ○○ — ○○に関係のあること
- [ ] literature — 文学
- [ ] furthermore — そのうえ／さらに
- [ ] ever since ○○ — ○○以来ずっと

☐ quite ○○	☐ まったく○○な

Skit 5　Food Cultures of the World：世界の食文化

☐ since ○○	☐ ○○だから
☐ seems to have ○○（過去分詞）	☐ ○○したようだ
☐ recommend	☐ 勧める
☐ favorite	☐ 一番好きな
☐ terrible	☐ ひどい
☐ I mean	☐ 私は意味している
☐ people	☐ 民族
☐ weird	☐ 変な／奇妙な
☐ would never ○○	☐ けっして○○しないだろう

Unit 3　健康・Health

Skit 1　Medical Checkup：健康診断

☐ result	☐ 結果
☐ physical checkup	☐ 健康診断
☐ worry about ○○	☐ ○○を心配している
☐ medical checkup	☐ 健康診断
☐ blood pressure	☐ 血圧
☐ cut down on ○○	☐ ○○を減らす
☐ sodium	☐ ナトリウム／塩分
☐ body fat ratio	☐ 体脂肪率
☐ blood sugar level	☐ 血糖値
☐ diabetes	☐ 糖尿病
☐ be concerned about ○○	☐ ○○を心配している
☐ low-carbohydrate diet	☐ 低炭水化物ダイエット
☐ treat	☐ 治療する
☐ cure	☐ 治す
☐ incurable	☐ 治らない／不治の

〔Check this out!〕

☐ carbohydrate	☐ 炭水化物
☐ we are in the same boat	☐ 私たちは同じ境遇にいる
☐ have ○○ (目的語＋過去分詞)	☐ ○○してもらう
☐ examine	☐ 検査をする
☐ X-ray	☐ レントゲン
☐ gastro camera	☐ 胃カメラ
☐ gastro fiberscope	☐ 内視鏡
☐ swallow	☐ 飲み込む
☐ barium	☐ バリウム
☐ polyp	☐ ポリープ
☐ benign	☐ 良性の
☐ malignant	☐ 悪性の
☐ pathological examination	☐ 病理検査
☐ eliminate	☐ 取り除く
☐ no matter what ○○	☐ ○○が何であっても
☐ operation	☐ 手術
☐ endoscopic surgery	☐ 内視鏡手術
☐ get rid of ○○	☐ ○○を取り除く
☐ scalpel	☐ メス
☐ attach to ○○	☐ ○○に取り付ける
☐ be relieved	☐ 安心する

Unit 4　ビジネス・Business

Skit 1　New CEO's Revival Plan：新CEOの会社再生計画

☐ CEO	☐ 最高経営責任者
☐ holding company	☐ 親会社／持ち株会社
☐ I wonder	☐ どうだろう／どうかな／疑問に思う
☐ what ○○ will be like	☐ ○○はどんなものだろうか
☐ revival plan	☐ 再生計画
☐ newsletter	☐ 社報／会報

☐	decrease	☐	減らす
☐	assembly lines	☐	組み立て生産ライン／（大量）生産のライン
☐	in other words	☐	言い換えると
☐	be planning to ○○	☐	○○する計画をしている
☐	cut back	☐	低下させる／減少させる／削減する
☐	factory	☐	工場
☐	even ○○	☐	○○でさえ
☐	branch office	☐	支店
☐	be scheduled to ○○	☐	○○することが計画される
☐	be closed down	☐	閉鎖される
☐	wait a moment	☐	ちょっと待って
☐	change one's mind	☐	○○の気持ちを変える／○○の気が変わる
☐	obviously	☐	明らかに
☐	lay off	☐	解雇する
☐	What's ○○ like?	☐	○○は、どんな感じですか？
☐	constructive plan	☐	建設的な計画
☐	remove	☐	取り去る
☐	toxic	☐	有毒な
☐	element	☐	要素
☐	structure	☐	構造
☐	previous	☐	前の／以前の
☐	board member	☐	取締役／会社役員
☐	critical	☐	危機的な
☐	colluding	☐	なあなあの／なれ合いの
☐	what sort of ○○?	☐	どんな種類の○○
☐	collusion between ○○ and △△	☐	○○と△△と共謀して／○○と△△となれ合いで
☐	managerial section	☐	経営部門
☐	supplier	☐	部品メーカー
☐	evasion of one's responsibility	☐	○○の責任から逃れる
☐	according to ○○	☐	○○によると

☐ unfair		☐ 不公平な	
☐ fire		☐ クビにする	
☐ compensate for ○○		☐ ○○を補う／○○の埋め合わせをする	
☐ employee		☐ 従業員	
☐ fault		☐ 欠点／欠陥／間違い	
☐ management		☐ 経営／管理／経営者たち／経営陣	
☐ That's what I heard.		☐ 私はそう聞いているよ	
☐ criticize		☐ 批判する	
☐ follow		☐ 従う／ついていく	
☐ regenerate		☐ 再生する	
☐ as you can see		☐ おわかりのように	
☐ be transferred		☐ 転勤させられる	
☐ parent company		☐ 親会社	
☐ in order to ○○		☐ ○○するために	
☐ solve		☐ 解決する	
☐ corruption		☐ 腐敗／堕落	
☐ work out		☐ うまくいく／解決する	
☐ purchase		☐ 購入する	
☐ merge		☐ 合併する	
☐ our company		☐ 私たちの会社	

Unit 5　教育・Education

Skit 1　Requirements for a Job Application：求人の条件

☐ classified ad	☐ 求人広告
☐ UN	☐ 国際連合
☐ recruit	☐ 募集する／勧誘する
☐ finally	☐ とうとう／ついに
☐ article	☐ （新聞、雑誌などの）記事
☐ condition	☐ 条件

☐	requirement	☐	要件／必要事項
☐	admittance	☐	許可
☐	hold	☐	持っている
☐	master's degree	☐	修士号の学位
☐	the equivalent	☐	それと同等のもの
☐	applicant	☐	応募者
☐	submit	☐	提出する
☐	diploma	☐	卒業証書
☐	current	☐	最新の／今の／現時点の
☐	resume	☐	履歴書
☐	fulfill	☐	満たす
☐	guess	☐	推測する
☐	consider	☐	よく考える／熟慮する
☐	profession	☐	（知的な）仕事
☐	highest level of education	☐	最終学歴
☐	weigh	☐	重要視する
☐	heavily	☐	重く

Skit 2 Applying to Prestigious Universities：難易度の高い大学への進学

☐	Ivy League	☐	アイビー・リーグ
☐	prepare for ○○	☐	○○の準備をする
☐	entrance exam	☐	入学試験
☐	admit	☐	認める
☐	tuition	☐	授業料
☐	expensive	☐	高い／高価／高額
☐	the higher the level, the more expensive it is	☐	より高ければ、より高額に
☐	require	☐	必要とする
☐	professor	☐	教授
☐	facilities	☐	施設
☐	however	☐	しかしながら
☐	several	☐	いくつか

☐	support	☐	支援する
☐	can't afford to ○○	☐	○○する余裕はない
☐	such as ○○	☐	○○のような
☐	scholarship	☐	奨学金
☐	tuition waiver	☐	学費免除
☐	student loan	☐	学生ローン
☐	a number of	☐	たくさんの

Skit 3　Study of Practical Fields：実践的な学習

☐	come to ○○	☐	○○するようになる／○○に至る
☐	give up on ○○	☐	○○をあきらめる／○○をやめる
☐	fine art	☐	美術／美術品／美術工芸品
☐	practical	☐	実践的な
☐	field	☐	分野
☐	expertise	☐	専門知識
☐	business	☐	ビジネス／商売
☐	business administration	☐	経営学
☐	science field	☐	科学分野
☐	department	☐	学部／（会社の）部
☐	faculty	☐	（大学や学校の）教職員／学部
☐	together	☐	一緒に
☐	research	☐	研究する
☐	publish	☐	出版する
☐	colleague	☐	同僚
☐	creative	☐	創造的
☐	fun	☐	楽しい／愉快な
☐	a great many	☐	非常にたくさんの
☐	periodical	☐	定期刊行物
☐	abstract	☐	抽象的な／要旨／概略
☐	summary	☐	要約／まとめ

Skit 4 Traits of a Good Teacher：良い先生になる要件

☐ factor	☐ 要因／要素
☐ be動詞＋to不定詞（○○）	☐ ○○するべきだ／○○する予定である／○○するつもりである
☐ encourage	☐ 励ます
☐ stimulate	☐ 刺激を与える
☐ praise	☐ 褒める
☐ agree	☐ 賛成する
☐ especially	☐ 特に
☐ mentor	☐ 指導教官
☐ apply oneself to △△	☐ △△に○○自身を集中させる
☐ reward	☐ 報酬を与える／報酬
☐ steadily	☐ 着実に
☐ improve	☐ 向上する／上達する
☐ grade	☐ 成績

Skit 5 Registration for Subjects：大学生の履修登録

☐ freshman	☐ 1年生
☐ period	☐ 授業時間／時限
☐ earn	☐ 稼ぐ
☐ credit	☐ 単位

Skit 6 About a Research Council：ある学術会議について

☐ conference	☐ 会議
☐ session	☐ 会議／会合
☐ informative	☐ 知識・情報に富む／有益な
☐ What is it about?	☐ それが何についてのものなのか？
☐ it is about ○○	☐ それは○○についてです
☐ method	☐ 方法／方法論／メソッド
☐ approach	☐ （目的に接近する）方法／アプローチする
☐ detailed	☐ 詳細な／詳細にわたる

〔Check this out！〕

☐ fascinating	☐ 魅了する／うっとりさせる／とても面白い

Skit 7　Professors' Duties：教授の職務

☐ go on	☐ 進む／続ける
☐ sabbatical	☐ 大学教授の研究休暇
☐ duty	☐ 義務／任務
☐ perform	☐ 行う／任務を果たす
☐ exchange student	☐ 交換留学生
☐ let out	☐ （学校が）休みになる／休みにする／放課後になる
☐ in late ○○（月）	☐ ○○月下旬に
☐ typical	☐ 典型的な
☐ assign	☐ 割り当てる
☐ homework	☐ 宿題
☐ administrative	☐ 管理上の／経営上の
☐ exchange program	☐ 交流計画

Unit 6　熱帯性嵐・tropical storms

News 1　How Scientists Name Hurricanes：ハリケーンの名づけ方

☐ hurricane	☐ ハリケーン
☐ occur	☐ 起こる
☐ equator	☐ 赤道／赤道地域
☐ the Pacific Ocean	☐ 太平洋
☐ the Atlantic Ocean	☐ 大西洋
☐ eastern	☐ 東の
☐ weather scientist	☐ 気象学者
☐ north of ○○	☐ ○○の北に
☐ talk about ○○	☐ ○○について話す
☐ at the same time	☐ 同じときに／同時に

☐	necessary	☐	必要な／必要で
☐	weather station	☐	測候所
☐	National Weather Service	☐	国立気象局
☐	the World Meteorological Organization	☐	世界気象機関
☐	the National Hurricane Center	☐	国立ハリケーンセンター
☐	fixed	☐	固定された／一定
☐	arranged	☐	設計された／配列された
☐	alphabetically	☐	アルファベット順に
☐	given year	☐	当該年度
☐	in place	☐	適切な場所に／決まった正しい場所
☐	replace	☐	取り替える／取って代わる
☐	deadly	☐	致命的な
☐	generally	☐	一般的に／概して
☐	devastating	☐	破壊的な
☐	Sandy	☐	サンディ（ハリケーンの名前の1つ）

Unit 7　最新の医療技術・Cutting Edge Medical Technology

News 1　Genetic Testing：遺伝子検査

☐	genetic tests	☐	遺伝子検査
☐	test on ○○	☐	○○のテスト
☐	tissue	☐	動植物の組織／薄くて軽い織物／ガーゼ／ティッシュペーパー
☐	genetic	☐	遺伝子の
☐	disorder	☐	異常
☐	item	☐	項目
☐	nowadays	☐	最近は
☐	genetic disease	☐	遺伝子病
☐	unborn	☐	まだ生まれていない
☐	gene	☐	遺伝子

- [ ] associate　　　　　　　　　　- [ ] 結びつける
- [ ] symptoms　　　　　　　　　　- [ ] 症状
- [ ] prevent　　　　　　　　　　　- [ ] 防ぐ
- [ ] insurance　　　　　　　　　　- [ ] 保険
- [ ] insurance coverage　　　　　　- [ ] 保険の補償範囲

News 2　Preventive Surgery：予防外科手術

- [ ] put the spotlight on ○○　　　- [ ] ○○にスポットライトを当てる
- [ ] preventive surgery　　　　　　- [ ] 予防外科手術
- [ ] surgically remove　　　　　　- [ ] 外科的に切断する
- [ ] cancer　　　　　　　　　　　- [ ] ガン
- [ ] suffer from ○○　　　　　　　- [ ] ○○に苦しむ
- [ ] breast cancer　　　　　　　　- [ ] 乳ガン
- [ ] ovarian cancer　　　　　　　- [ ] 卵巣ガン
- [ ] die of ○○　　　　　　　　　- [ ] ○○で死ぬ
- [ ] identify　　　　　　　　　　- [ ] 突き止める／見つける／確認する／見極める
- [ ] chances of △△ at ○○%　　　- [ ] ○○%で△△の可能性
- [ ] mutation　　　　　　　　　　- [ ] 突然変異
- [ ] odds　　　　　　　　　　　　- [ ] 勝ち目／見込み／公算／可能性
- [ ] develop　　　　　　　　　　- [ ] 発達させる
- [ ] BRCA　　　　　　　　　　　- [ ] BRCA
- [ ] ○○-related　　　　　　　　- [ ] ○○関連の
- [ ] inherit　　　　　　　　　　　- [ ] 遺伝的に引き継ぐ

Unit 8　貧困家庭の子供たち・Children from Poor Families

News 1　U.S. failing its children：子供たちの教育に失敗しているアメリカ

- [ ] increasing number of ○○　　- [ ] 増え続ける数の○○
- [ ] indigent　　　　　　　　　　- [ ] 低所得層の
- [ ] at risk　　　　　　　　　　　- [ ] 危険な状況に

☐ grow up		☐ 成長する	
☐ illiterate		☐ 字の書けない／文盲の	
☐ unhealthy		☐ 不健康な	
☐ National Commission of Children and Families		☐ 子供たちと家族の国家委員会	
☐ commission		☐ 委員会	
☐ double jeopardy		☐ 二重の危険	
☐ health problem		☐ 健康問題	
☐ the least access		☐ 最小のアクセス／最小の手段	
☐ quarterly		☐ 季刊	
☐ be raised		☐ 育てられる	
☐ household		☐ 家庭	
☐ experience		☐ 経験する	
☐ social support		☐ 社会福祉	
☐ failure		☐ 失敗	
☐ attend		☐ 通う／出席する	
☐ parenting		☐ 親になる／親である（親としての仕事をする）	
☐ more and more		☐ どんどんどんどん／ますます	
☐ as a ○○		☐ ○○として	
☐ society		☐ 社会	
☐ recognize		☐ 認める	
☐ encourage		☐ 推奨する	
☐ responsible		☐ 責任のある	

Unit 9　3-Dプリンターがもたらす技術革新・3-D Printers Causing Technological Innovation

News 1　3-D Printers Causing Medical Revolution：3-Dプリンターが起こす医療革命

- ☐ 3-D printing　　☐ 3-D印刷
- ☐ three-dimensional printer　　☐ 3次元プリンター
- ☐ be capable of ○○　　☐ ○○できる／○○が可能である

〔Check this out!〕

☐ solid		☐ 固体の／固形の	
☐ object		☐ 物体	
☐ spark		☐ 引き金となる	
☐ revolution		☐ 革命	
☐ medical field		☐ 医療分野	
☐ anatomically		☐ 解剖学的に	
☐ accurate		☐ 正確な	
☐ replica		☐ 複製品／レプリカ	
☐ liver		☐ 肝臓	
☐ surgeon		☐ 外科医	
☐ complicated		☐ 複雑な	
☐ procedure		☐ 手順	
☐ transparent		☐ 透明な	
☐ material		☐ 材料／原材料	
☐ thread		☐ 縫う	
☐ artery		☐ 動脈	
☐ vein		☐ 静脈	
☐ prevent		☐ 避ける	
☐ complication		☐ 複雑なこと	
☐ perform		☐ 手術をする	
☐ transplant		☐ 移植／移植する	
☐ cancerous		☐ ガンの／ガン化した	
☐ tumor		☐ 腫瘍／腫れた部分	
☐ cardiopath		☐ 心臓病患者	
☐ heart		☐ 心臓	
☐ form		☐ 形作る	
☐ correct		☐ 治す	
☐ defect		☐ 欠陥／欠損	
☐ three-dimensional image		☐ ３次元画像	
☐ magnetic resonance imager		☐ 磁気共鳴映像機	
☐ computer tomography scanner		☐ コンピューター断層撮影スキャナー	
☐ ultrasound machine		☐ 超音波診断機	

☐	beat	☐	打ち負かす
☐	life-size	☐	実物大の
☐	prior to ○○	☐	○○に先立って／○○の前に
☐	surgery	☐	外科手術

News 2 3-D Printers in Manufacturing Industry：製造業での3-Dプリンター

☐	take up	☐	取り上げる
☐	issue	☐	問題／話題
☐	manufacturing industry	☐	製造業
☐	○○, as well	☐	○○もまた
☐	dramatically	☐	劇的に
☐	facilitate	☐	容易にする／促進する
☐	conversion	☐	転換
☐	expand	☐	拡張する
☐	government	☐	政府
☐	precise	☐	正確な
☐	cutting technology	☐	先端技術
☐	mold	☐	鋳型／枠
☐	tridimensional	☐	3次元の
☐	comparison	☐	比較
☐	utilize	☐	使う
☐	convert	☐	変換する

News 3 3-D Printers in Japan：日本での3-Dプリンターの活用

☐	accuracy	☐	正確さ
☐	at a time	☐	一度に／同時に／いっせいに
☐	feature	☐	特徴／特色
☐	expire	☐	期限が切れて無効になる
☐	individual	☐	個人
☐	earmark	☐	（資金などを）充てる／向ける
☐	billion	☐	10億

〔Check this out!〕

☐ budget		☐ 予算	
☐ aim		☐ 目指す／狙う	
☐ toward ○○		☐ ○○に向かって	
☐ ○○-fold		☐ ○○倍	
☐ scope		☐ 範囲／視野	
☐ in terms of ○○		☐ ○○に関して	
☐ effort		☐ 努力	
☐ product		☐ 製品	
☐ medical industry		☐ 医療産業	
☐ cast		☐ 鋳造する	
☐ artificial		☐ 人工の／人工的な	
☐ eye		☐ 注意深く見る	
☐ wide range of ○○		☐ 広範囲の○○	
☐ application		☐ 適応性	
☐ performance		☐ 性能	
☐ fuel efficiency		☐ 燃費	
☐ carbon dioxide		☐ 二酸化炭素	
☐ emission		☐ 排出／排気	

Bonus Cuts（ボーナストラック）
Business 2（ビジネス2）

Story 1　アプローチ：Approach
● Scene 1　まず、誰にアプローチしましょうか？

☐ exhibition	☐ 展示会
☐ winery	☐ ワイン醸造所
☐ ○○ recommend that A（主語）＋B（動詞）	☐ ○○はAがBすることを勧める
☐ contact	☐ 接触する／連絡を取る

☐ reviews	☐ 論評

● Scene 2　アポが取れました

☐ get hold of ○○	☐ ○○と連絡を取る／（連絡を取るために）○○をつかまえる
☐ get in touch with ○○	☐ ○○と連絡を取る
☐ make an appointment with ○○	☐ ○○とアポを取る／○○と会う約束をする
☐ influence on ○○	☐ ○○に影響力を／○○への影響力

Story 2　取引：Deal

● Scene 1　独占販売権を望みます

☐ deal with ○○	☐ ○○と取引をする
☐ promote	☐ 販売促進する
☐ sell well	☐ よく売れる
☐ appreciate	☐ 感謝しています
☐ recently	☐ 最近
☐ water purifier	☐ 浄水器
☐ develop	☐ 開発する
☐ exclusive distribution rights for ○○	☐ ○○についての独占的な販売権
☐ boss	☐ 上司
☐ the week after next	☐ 再来週

● Scene 2　取引する機会をありがとうございます

☐ opportunity	☐ 機会
☐ You are welcome.	☐ どういたしまして
☐ get down to ○○	☐ ○○の話に本気で取り掛かる
☐ first	☐ 初めに
☐ discuss	☐ 話し合う
☐ contract	☐ 契約書
☐ air extractor	☐ 換気扇

☐ offer	☐ 申し出る／申し出
☐ our best price	☐ 私たちの一番良いお値段

● Scene 3　見積もりをお願いします

☐ this type of service	☐ このタイプのサービス
☐ a flat rate	☐ 均一の料金
☐ estimate	☐ 見積もる

Story 3　交渉：Negotiation
● Scene 1　長期にわたる経験と実践的な専門知識があります

☐ look for	☐ 探す
☐ agent	☐ 代理店
☐ represent	☐ 代表する／代理をする
☐ long-term	☐ 長期間にわたる
☐ long-term goal	☐ 長期的な目標
☐ establish	☐ 確立する
☐ representative	☐ 代理人
☐ all over ○○	☐ ○○中に
☐ hands-on	☐ 実地の／現場での／実践的な
☐ deal with business in ○○	☐ ○○で取引をする

● Scene 2　結論には至りませんでした

☐ decided about ○○ with △△	☐ △△について○○を決める
☐ be prepared to ○○	☐ ○○する準備ができている
☐ make a decision	☐ 決定をする
☐ discuss the matter	☐ その問題について話し合う
☐ come to an agreement	☐ 合意に至る／結論に至る
☐ some more time	☐ もういくらかの時間
☐ wait for ○○	☐ ○○を待つ

● Scene 3　この条件で契約したいです

- [ ] accept　　　　　　　　　　　　　 □ 受け入れる
- [ ] under these conditions　　　　　　 □ これらの条件のもとで
- [ ] sign ○○　　　　　　　　　　　　 □ ○○に署名する
- [ ] in this condition　　　　　　　　　 □ この条件で
- [ ] reach an agreement　　　　　　　 □ 合意に達する

Story 4　契約：Contracts

● Scene 1　契約書をよくお読みください

- [ ] become effective　　　　　　　　 □ 有効になる
- [ ] signature date　　　　　　　　　　 □ 署名日／契約日
- [ ] clauses　　　　　　　　　　　　　 □ 条項
- [ ] on the other side　　　　　　　　　 □ 裏面の／裏面に

● Scene 2　申し上げにくいのですが、契約違反です

- [ ] regret to ○○　　　　　　　　　　 □ 残念ながら
　　　　　　　　　　　　　　　　　　　　　○○しなくてはなりません
- [ ] violate　　　　　　　　　　　　　 □ 違反する
- [ ] offend　　　　　　　　　　　　　 □ 攻撃する
- [ ] check ○○ again　　　　　　　　　 □ ○○をもう一度確認する

COLUMN

映画みたいにカッコよくイディオムを使おう！ ⑨

ここでもイディオムを取り上げていきましょう。

★ don't have a guts to ○○：○○するほど勇気がないんだよな

　これは、日本人にとって意外とわかりやすい表現です。"guts"は「ガッツ」で、日本語でもときどき使われますが、「根性」とか「勇気」という意味です。ですから、このイディオムは「○○するほど勇気がないんだよな」といった表現になります。同じような表現に、"guts"を"courage"に置き換えて、"**don't have the courage to** ○○"と言うこともあります。以下の例文で、イディオムの使い方を確認してください。

　I **don't have** 私は持っていないんだ **the guts** 勇気を **to** make a speech スピーチをするという in front of the whole class. クラス全員の前で ／

★ apple of one's eye：
　目に入れても痛くないほどかわいい人（または、もの）

　これは、とっても深く愛している「人」や「もの」を指すときに使います。
　昔のイギリス人は、目の中の「瞳」はリンゴのような形をしていると信じていました。そして、「『瞳』がなければ目が見えない」ということから、「瞳＝とても大切なもの」となりました。そこから「○○の深く愛する人（または、もの）」という意味になったのです。

　ちなみに、「瞳」は、英語では"pupil（子供）"と言いますが、この英語の由来は、「瞳」の中に「小さな人が移っている」ことから"pupil"となったと言われています。日本語の「瞳」の語源も、「人が見える⇒ひとみ」という説があります。こんな偶然の一致も面白いものです。

　そして皆さんは、これで"pupil"を「子供」「児童」から、「瞳」という意味を関連させて覚えることができましたね。

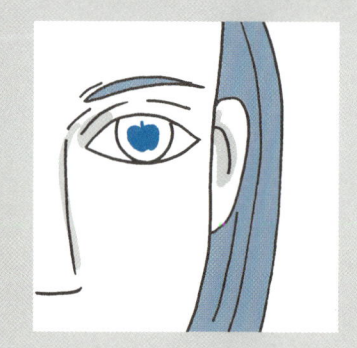

Part 3

セオリー
理論編

高速メソッド®で
英語を自由自在に操る！

なぜ、高速メソッド®は支持されるのか？

※ 英語を自由自在に操るために必要なこと

　おかげさまで、「高速メソッド®」シリーズの書籍の多くは、ベストセラーやロングセラーとなり、多くの方々から支持されています。

　では、ここで多くの方に学習していただいている「高速メソッド®」について、簡単にご説明しましょう。

　「高速メソッド®（笠原メソッド）」では、まず「日本語をうまく使って、英語を英語の語順で考える能力」を身につけます。そして、英語の語順で考える力を高速で聞いたり話したりすることによって、英語を使うスピードを飛躍的に高めます。

　その結果、英語を「日本語を介さずに英語のまま自由自在に操る能力」、つまり「英語を自由自在に操る能力」が自然と身についてきます。

　このメソッドでは、英語の語順のまま、英語を理解し、話し、考える能力を、母国語である日本語を使って効率よく身につけることを主眼としています。

　そのために、英語を、文章単位ではなく、セグメント単位に分割して英語の語順のまま訳していく〈笠原訳〉という独特の日本語訳を使います。

　同時に、英語の語順を崩すことなく訳された〈笠原訳〉を使った文章を、5段階に分けた高速リスニングで学習します。

　それによって、英語の語順のまま瞬時に聴き取れる「耳の瞬発力」と、瞬時に理解して話せる「脳の瞬発力」を養成していきます。同時に、その能力を潜在意識レベルから定着できるように、学んだ人の頭の中に焼きつけていきます。

　高速でリスニングを行う効果はそれだけではありません。リスニング中に学んだボキャブラリーや構文を、無理なく確実に覚えていくことができます。こ

の覚えた知識は、英語の語順として頭に入っていますから、使いたいときに自然にアウトプットすることができます。つまり、単語も構文も、すぐに使える形として身につけていくことができるのです。

このメソッドでは、特殊な技術で高速録音された教材を利用していますが、それによって、これまで説明したような学習効果を、より高めることに成功しているのです。

※ 高速メソッド®の2つの大きな柱

このメソッドは、大きく分けると〈笠原訳〉と「5段階高速リスニング（5ステップ・リスニング）」という2つの柱から成り立っています。

1 〈笠原訳〉

1つ目の柱は日本語訳です。「高速メソッド®」では、英語を英語の語順のまま理解し、話せるようになるために、以下のような〈笠原訳〉という特殊な日本語訳を使います。

> I became 私はなりました a vegetarian ベジタリアンに while I was studying 私が学習していた間に pet grooming ペットトリミングを in France. フランスで ／
>
> ※〈笠原訳〉では、文の切れ目をわかりやすくするために、1文が終了したときに、／で区切ります。

この〈笠原訳〉という英語を**英語の語順のまま理解する**ための日本語訳は、英語を**前に戻らない**で解釈する、つまり、日本語の順番に並び替えないで理解するために必要不可欠な日本語訳です。「高速メソッド®」で英語を習得するときは、この〈笠原訳〉のマスターが基礎となります。

2 5段階高速リスニング（5ステップ・リスニング）

　2つ目の柱は「5段階高速リスニング（5ステップ・リスニング）」です。このリスニング法は、「英文」と「英文に〈笠原訳〉を挿入したもの」を聴きます。それも**「通常のスピード」と「通常の約2倍の高速」を組み合わせて**聴き、合計5段階のステップでリスニングするというものです。

　「高速リスニング」を含めた5段階のリスニングを実践することによって、「理論的にわかっている」というレベルをはるかに超える、「英語の瞬発力」が身についていきます。つまり、「英語を日本語を介さずに自由自在に『読み・書き・聴き・話す』」ための実践力がついていくのです。

　それとともに、高速リスニングを実践することによって**研ぎ澄まされた集中力**が、そのときに聴いたボキャブラリーや構文、そして英語の語順までをも、とても効率よく身につけていくことになるのです。

　「5段階高速リスニング」は、これらすべてを、**ただCDを聴くだけで身につけることができる**画期的な英語学習法なのです。

　このように「高速メソッド®」は、英語を英語の語順で理解することから、ネイティヴ・イングリッシュ・スピーカーのように英語を自由自在に操ることを可能にします。

　このメソッドで学ぶことによって、1人でも多くの方が「英語を自由自在に操っている自分」に出会えるように期待しております。

　それでは、高速メソッド®の内容を詳しくご説明していきましょう。

笠原訳

※ 英語の語順を身につけることが上達には欠かせない！

　私は、英語がなかなか話せるようにならない、上達しないという人には、主に次の2つのパターンの方がいると考えています。

- ①英語を話すまでに、ずいぶんと時間がかかってしまう人です。こういう人の特徴は、ゆっくりとですが、それなりに正確な文法で英語を話すことができることです。
- ②ある程度流ちょうには話せてもネイティヴ・イングリッシュ・スピーカーの言うことが50％くらいしか理解できていない人、あるいは相手の話す意味を取り違ってしまう人です。

　この2つのパターンの人たちは、レベルも抱えている問題も一見違うように見えますが、実際の問題点は共通していることに気づかされます。程度の差こそありますが、このような人たちの共通の問題点は「『英語の語順で、聞き、話す能力』が身についていない」ことです。

　まず、英語を話すまでに、ずいぶんと時間がかかってしまう人について、その問題点を考えてみたいと思います。

　この方々は、話す前に頭の中で日本語の文章を単語ごとに英語に直して、それから英語の語順に置き換えています。そのため、話し始めるまでに大変な時間と労力が必要になるのです。この人たちにとって、『英語の語順で、話す能力』が身についていたらどうでしょうか？　もちろん、すんなりと話し始められるはずです。

次に、ある程度流ちょうには話せてもネイティヴ・イングリッシュ・スピーカーの言うことが50％くらいしか理解できていない人、あるいは相手の話す意味を取り違ってしまう人の問題点を考えてみましょう。
　この方々は、英語の語順（ストラクチャー）で意味を把握しようとするのではなく、意味のわかる単語をつなぎ合わせて意味を想像しています。そのため、相手の言うことを理解できなかったり、意味を取り違えてしまったりするのです。
　この方たちも「『英語の語順で、聞く能力』」があれば、ぐっと英語を自由に操る力」がついてきます。

　ここまでお読みになって、皆さんも、ご自身の英語が上達しない理由を、この2パターンに見ることができたのではないでしょうか。
　つまり、「英語を話せない」「英語が難しい」ことの一番大きな原因は、**英語と日本語の語順がまるっきり違う**ことにあるのです。逆に言えば、英語の語順を身につけることができれば、「英語は、そんなに難しくない」ことになり、「英語を自由に使いこなす」ことができるようになるのです。
　それでは、具体的に英語の語順（ストラクチャー）のセンスを身につける方法を説明していきましょう。

※ 構文を重視する英語と、助詞を重視する日本語

　まず、問題です。"This is your car." を疑問文にしてみてください。当然、"Is this your car?" となりますね。動詞の "is" のポジションを変えると疑問文になるわけです。

平叙文　This is your car.

疑問文　Is this your car?

語順が変わると、意味も変わる！

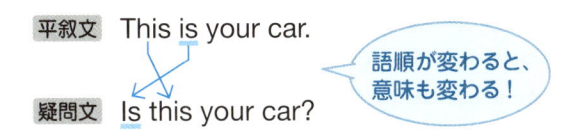

　このように英語は、**語順が変わると、意味が変わり**ます。
　英語では、その単語の順番が、その単語の役割を決めているので、語順を変えてしまうと意味をなさない文になってしまったり、違った意味の文になってしまったりするのです。
　これらのことから、英語は語順が変わると意味が変わってしまうことがわかります。簡単に言えば、これが「英語は語順が大切」ということなのです。

　一方、日本語はどうでしょうか？　「これはあなたのペンです。」を疑問文にすると、「これはあなたのペンですか。」となりますね。

平叙文　これはあなたのペンです。
疑問文　これはあなたのペンですか。

平叙文に「か」という助詞がつくと疑問文になる！

　日本語では、平叙文に「か」という終助詞をつけることによって、疑問文にすることができます。
　それでは、日本語も語順を変えると英語と同じように意味が変わってしまうでしょうか？
　たとえば、「昨日、私は彼女にプレゼントを貰った」という文で考えてみましょう。

```
① 昨日 ｜ 私は ｜ 彼女に ｜ プレゼントを ｜ 買った
② 私は ｜ 買った ｜ プレゼントを ｜ 彼女に ｜ 昨日
③ 私は ｜ 彼女に ｜ プレゼントを ｜ 買った ｜ 昨日
④ 彼女に ｜ プレゼントを ｜ 買った ｜ 昨日 ｜ 私は
⑤ プレゼントを ｜ 買った ｜ 昨日 ｜ 私は ｜ 彼女に
⑥ 買った ｜ 昨日 ｜ 私は ｜ 彼女に ｜ プレゼントを
```

いかがでしょうか？　日本語の場合は、文節ごとに意味を捉えていけば、語順が違っていても理解することに問題はありませんね。

なぜ、日本語は話す順番を変えても、意味が変わらずに通じるのでしょうか？

それは、日本語には「助詞」があるからです。助詞の「て、に、を、は、が、か……」などが、その単語の文中での役割をしっかりと表しているので、文節ごとに語順を変えても、意味を取るうえでほとんど支障がありません。つまり、日本語では、助詞の役割が大変大きいということです。

このようなことから、「英語は語順（ストラクチャー：構文）が大事、日本語は助詞が大事」ということがおわかりいただけたのではないでしょうか。

じつは、これは大変大事なことなんです。

では、それをはっきりさせるために、今度は同じ意味の文章を英語と日本語で見てみましょう。

次の英語と日本語の文を見てください。

英語　Larry plays the guitar.
日本語　ラリーはギターを弾く。

この２つの文は同じことを言っていますが、語順を変えるとどのようになるのか、英語と日本語でそれぞれ見ていきましょう。

➔ 英語

```
Larry plays the guitar.    ← もともとの英文です
        ↓
plays Larry the guitar     ← 意味不明
        ↓
the guitar plays Larry     ← 「『ギターが』が、『ラリー』を弾く」という
                             反対の意味になってしまいます
        ↓
the guitar Larry plays     ← 意味不明ですね
```

➔ 日本語

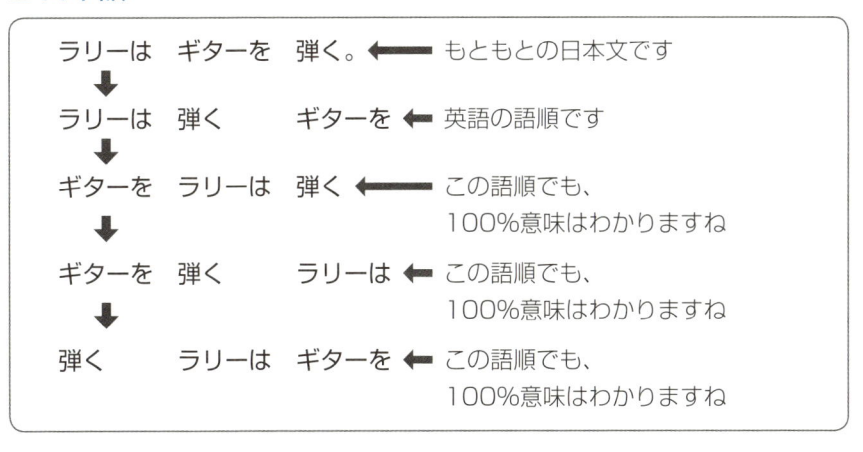

```
ラリーは  ギターを  弾く。    ← もともとの日本文です
        ↓
ラリーは  弾く     ギターを  ← 英語の語順です
        ↓
ギターを  ラリーは  弾く     ← この語順でも、
                             100%意味はわかりますね
        ↓
ギターを  弾く     ラリーは  ← この語順でも、
                             100%意味はわかりますね
        ↓
弾く     ラリーは  ギターを  ← この語順でも、
                             100%意味はわかりますね
```

　いかがでしょうか？　日本語では、すべての語順パターンで意味がわかりますよね。そして、意味も変わりませんね！

　日本語では、

　　日本語「ラリーは、ギターを弾く。」
　　　①「ラリーは、」は、「○○は、」と、「**は**」があるから主語
　　　②「ギターを」は、「○○を」と、「**を**」があるから目的語

のように、各単語の役割がすべて助詞で決められているので、語順を変えても、意味が100パーセントわかるのです。

　日本語を使い続けている私たち日本人は、このようにして理解する能力を持っているのです。

　しかし、英語では、

　　英語　Larry plays the guitar.
　　　①"Larry"は、述語動詞"plays（弾く）"の**前**にあるから**主語**
　　　②"the guitar"は、述語動詞"plays（弾く）"の**後**にあるから**目的語**

というように、文（センテンス）のどこにあるかで、役割も意味も違ってきてしまうのです。

　したがって、英語の場合、語順が変われば、意味をなさなくなったり、意味が変わってしまっても仕方ないのです。

　そうであるならば、今までの学校教育のように、英語を日本語の語順にあてはめて理解しようとするのは、少し無理があるのではないでしょうか？

　そうではなく、語順を変えても大丈夫な日本語を、英語の語順に並べれば、英語は簡単に理解できるはずです。

※〈笠原訳〉なら、英語の語順のまま英語がわかる！

　〈笠原訳〉は「英語の語順のまま英語がわかる」という考え方から生まれました。すなわち、〈笠原訳〉とは、日本語の助詞「て、に、を、は、が、か」の働きを利用して、構文重視の英語を、英語の語順のまま理解しようとする方法なのです。

　だからこそ、すべての英文に〈笠原訳〉を用いることによって、英語の語順

で理解することができるのです。その結果、「英語の語順で、読み、聞く」ことができるのです。

　また、この原理を応用すれば「英語の語順で、書き、話す」こともできるようになります。

　たとえば、以下を見てください。

Do you remember the guy who was our supervisor when we worked for the ABC Company?

　この英文は、少し長くて関係副詞もあるので少し難しいかもしれません。

　では、これに〈笠原訳〉をつけた以下のものを読んでみてください。細かいことは気にせずに、そのまま読み進めてください。

Do you remember あなたは覚えていますか？ the guy その男の人を who was そして彼はあった our supervisor 私たちの監督で when we worked 私たちが働いていたとき for the ABC Company? ABC社に ／

　このような日本語訳は、日本語としては少し不自然かもしれませんが、それでも意味は充分に理解できます。

　それどころか、ネイティヴの考えをより深く理解できるようになります。ネイティヴ・イングリッシュ・スピーカーは、この順序で考えて英語を話しているわけですから、たとえば映画やドラマでネイティヴたちが笑ったり感動したりするそのときに、そのまま私たち日本人も自然に感じることができるのです。

　したがって、私たち日本人も、このように英語の語順のまま、意味を理解したり、話したり、聴いたりすることができれば、「英語を自由自在に操る」ことができるのです。

いかがでしょうか？　このように英文の途中に〈笠原訳〉を入れることによって、英語を、英語の語順のまま理解していくことができるということをご理解いただけたのではないでしょうか。

　では、この〈笠原訳〉を、実際には、どういったタイミングで、どういった決まりで、挿入していけば良いのでしょうか？　この訳の入れ方には注意が必要となります。なぜなら、この訳の入れ方次第では、かえって内容がわかりにくくなってしまうことがあるからです。

　まず**一番気をつけなくてはいけないのは語順**です。せっかく英文の途中に〈笠原訳〉を入れるのですから、そのまとまり（文節）の中で単語を入れ替えるといった、日本語の思考に戻るような作業があってはいけません。このようなことが起こった時点で、せっかく文節を区切っているのに、その中で日本語の語順に言葉を並べなくてはならなくなります。それでは、かえって混乱を招いてしまい、私たちの脳は、英語の思考から日本語の思考に引きずり戻されてしまいます。

　そこで〈笠原訳〉では、そのようなことが起こることのないように、訳をつける際の決まり（公式）ができています。これによって、皆さんはどんな英文でも、この公式にのっとって訳をつけていくだけで、英語の語順で理解していくことができるようになっています。

〈笠原訳〉の公式

※ たった10の公式で
英語の語順で読み、書き、聴き、話せる！

　〈笠原訳〉は「基本ルール」と、たったの10の公式（Formula）で成り立っています。たった**10の公式をマスターするだけで、英語を英語の語順で理解することができます。**

　これを、後ほど登場する「高速再生の技術」を用いて一緒に練習していけば、英語が、日本語を聴いてわかるように自然に「スーッと」頭の中に入ってくるのを感じることでしょう。

　〈笠原訳〉の訳し方の公式は、訳を入れるタイミングと訳し方、そして適切な助詞の使い方が大切なポイントです。

> ### 〈笠原訳〉の基本ルール
>
> 一番大切なのは、**英語の語順で訳す**こと、可能な限り**前に戻らない**ことです。
>
> そのため、英語を主語、述語動詞、目的語、補語、修飾語句、接続語句（例外もある）の後で区切ります。そして、それぞれの語句の単位（一部の副詞、接続語句を除く）ごとに、適切な助詞をつけた日本語訳を挿入します
>
> 「高速メソッド®（笠原メソッド）」では、文頭、特に主語と述語動詞を確実に覚えて「英語を読み、書き、聞き、話す」ことを基本としています。
>
> ※〈笠原訳〉では、文の切れ目をわかりやすくするために、1文が終了したときに、／で区切ります。

〔セオリー〕

Formula 1
主語と動詞を一緒にしてその後に〈笠原訳〉を入れる

主語と動詞が隣り合わせの場合は、主語と動詞をひとまとめにして訳し、その後に日本語訳を挿入します。主語と動詞の間に修飾語句や挿入語句が入る場合は、別々に日本語訳を入れます

主語と動詞を一緒にして、その後に〈笠原訳〉を入れる公式です。
たとえば、以下のように〈笠原訳〉を挿入します。

例 He has …

訳し方 主語 "**He**" と動詞 "**has**" の後に「**彼は持っています**」という〈笠原訳〉を挿入します。

笠原訳 He has 彼は持っています …

「**主語→動詞**」というパターンは、中学校で習ったあの英語基本5文型の第1文型です。しかし、この文型、実は主語と動詞だけで終わることは少なく、その後に説明するためのものがくっついてくることが多いのです。

それでも、まず、**最初の「主語→動詞」の関係をよくつかん**でおけば、後はそれに**つけ足すための情報が続いてくるだけ**と考えれば良いのです。このつけ足しが「修飾語」ですよね。

とにかく英語では、初めに「何がどうしたか」を言っておいて、後から「情報をつけ足していく」ことが多いのです。

それでは、例文を見てみてください。

第1文型

主語：Subject ➡ 動詞：Verb
「～は」 ➡ 「…だ」

例

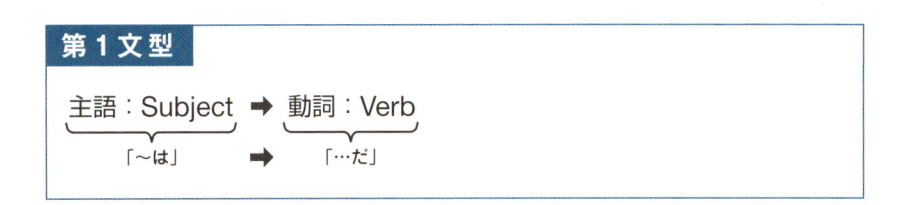

ここまでが「主語→動詞」の部分 / どこに？ / どこの？

He lives 彼は住んでいます in a small village 小さな村に in the mountains. 山の中の ／

ここまでが「主語→動詞」の部分 / いつ？

The meeting is going to start 会議は始まるところです in ten minutes. 10分後に ／

Formula 2

BE動詞は「います」「あります」と訳す

述語動詞としてBE動詞がくる場合は、「います」「あります」と訳します

　主語の直後に述語動詞としてBE動詞がくる場合は、「主語→BE動詞」の直後に「○○はいます」「○○はあります」のような〈笠原訳〉を挿入します。

　例 　He is …
　訳し方 　He is … ➡ 主語"He"と動詞"is"の後に「彼**はあります**」、または「彼**はいます**」という〈笠原訳〉を挿入します。

227　〔セオリー〕

> 笠原訳　He is 彼はあります …

いくつか例を見てみましょう。

> 例　He **is** always funny.
> 笠原訳　He is 彼はあります always funny. いつも愉快で ／

> 例　John **was** in New York last week.
> 笠原訳　John was ジョンはいました in New York ニューヨークに last week. 先週 ／

ただし、〈笠原訳〉になれてきて、BE動詞とそれに続く形容詞とを一緒に訳したほうがわかりやすい場合は、まず主語を単独で訳して、助詞の「は」か「が」をつけて、BE動詞とそれに続く副詞や形容詞とともにひとかたまりとして訳し、最後に「です」をつける場合もあります。

> 例　He 彼は is always funny. いつも愉快です ／

〈笠原訳〉の大原則である「英語の語順のまま訳す」、つまり「前に戻らないで訳す」ことができるのでしたら、このように訳しても英語脳のままでいられますので問題ありません。

Formula 3

目的語の後に〈笠原訳〉を入れる

助詞の「〜を」や「〜に」がつく目的語は、その後に日本語訳を挿入します

　目的語は、主語と動詞の意味を知ったうえで、生じる疑問、「何を？」「何に？」に答える形で後からくっついてきます。

| 例 | He has three books.

| 訳し方 | "He has（彼は持っている）"と言われると**「何を持っているの？」という疑問が生まれます**。それに答えるように、英語では"…three books（3冊の本を）"と、**疑問に答える目的語が続きます**ので、"three books"で区切って、その直後に〈笠原訳〉を挿入します。

| 笠原訳 | He has 彼は持っています three books. 3冊の本を ／

　中学校で習ったあの英語基本5文型の中で、目的語が出てくるのは、第3文型と第4文型です。

```
第3文型
                何を？
主語：Subject   動詞：Verb   目的語：Object
   「～は」  →  「…だ」  ＋   「－を」
```

　文の核心である主語と動詞をしっかりと把握すると、当然「何を？」という疑問が生まれるのではないでしょうか？　それに答えるように、目的語に助詞の「－を」をそえて、主語と動詞にくっつけたのが第3文型です。
　文が長くなったとしても、動詞と目的語をまとめて訳さないように気をつけましょう。まとめた時点で、英語脳になっていたものが、日本語脳に引き戻されますので注意が必要です。
　それでは、例文を見てみましょう。

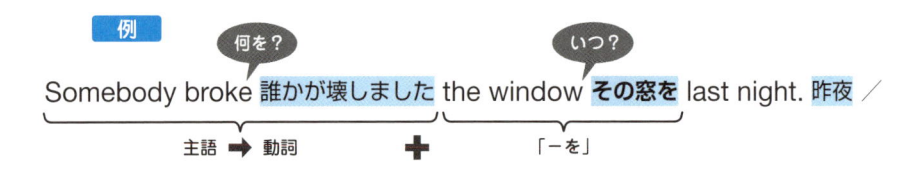

> **例**
>
> Somebody broke 誰かが壊しました the window その窓を last night. 昨夜 ／
> 主語 ➡ 動詞 ＋ 「－を」

第４文型

主語：Subject ➡ 動詞：Verb ＋ 目的語：Object ＋ 目的語：Object
「～は」　　　「…だ」　　　誰に？「－に」　　　何を？「－－を」

　文の核心である主語と動詞をしっかり把握すると「誰に？」「何を？」という疑問が出てきます。それに答えるように、目的語「－に」と目的語「－－を」が続きます。目的語には、それぞれ「－に」と「－－を」の助詞がつきますから、文が長くなったとしても動詞などとくっつけずに、独立した文節として訳していくことを徹底してください。くっつけた時点で、日本語脳に引き戻されてしまいます。

　それでは、例文を見てみましょう。

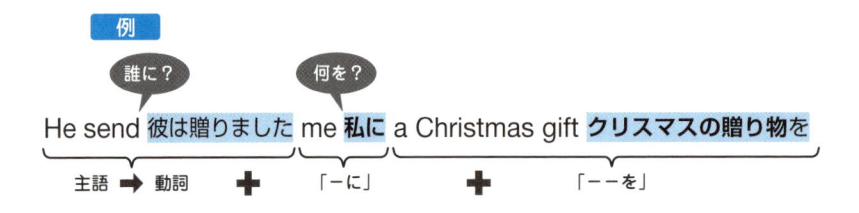

> **例**
>
> He send 彼は贈りました me 私に a Christmas gift クリスマスの贈り物を
> 主語 ➡ 動詞 ＋ 「－に」 ＋ 「－－を」
>
> last year. 昨年 ／

Formula 4

補語の後に〈笠原訳〉を入れる

補語（主語の状態を説明する言葉）がくるときは、その補語の後に〈笠原訳〉を挿入します。

主語と動詞を訳して「どんなふうに？」という疑問が出てくることがあります。その答えとして出てくるのが補語（主語の状態を説明する形容詞）です。その補語で区切って、その直後に〈笠原訳〉を挿入します。

例　You look nervous.

訳し方　主語と動詞 "You look（あなたは見えます）" と言われると、「どんなふうに？」と聞きたくなります。そうすると "… nervous（緊張しているように）" とその疑問に答えてくれる言葉がきますので、ここで区切って〈笠原訳〉を挿入します。この場合、「あなたは見ます」とはなりません。主語の状態を説明する形容詞（補語となるもの）は、すべてこのように訳すことができます。

笠原訳　You look あなたは見えます nervous. 緊張しているように ／

基本5文型の中で、補語が出てくるのは、第2文型と第5文型です。

第2文型

主語：Subject 「〜は」 ➡ 動詞：Verb 「…だ」 ＋ 補語：Complement 「—の状態に」

（どんな状態に？）

この文型の場合、補語が「主語の状態を表している」というのが大事なところで、感情やパーソナリティなどを言い表すときに使われる構文です。主語が

「どんな状態に？」あるかについて答えていくようにすると考えます。
例文で確認してみましょう。

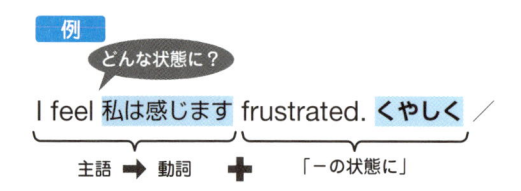

例

I feel 私は感じます frustrated. くやしく
　　主語 ➡ 動詞　　＋　　「－の状態に」
　　　　　　　　　　　　　どんな状態に？

第5文型

主語：Subject　動詞：Verb　＋　目的語：Object　＋　補語：Complement
「～は」　　　　「…だ」　　　　　「－に」　　　　　　　「－－を」
　　　　　　　　　　　　　　　何を？　　　　　　　　　どんな状態に？

　核心の主語と動詞をしっかりと把握すると、「何を？」「どんな状態に？」という疑問が出てくることがあります。**それに答えた目的語「－を」と補語「－－の状態に」**が続きます。他の文型同様、どんなに文が長くなっても、それぞれ独立した文節として訳していくことを徹底してください。英語の語順を崩さずに、英語脳の状態を保ち続けることが大切です。

　それでは、例文を見てみましょう。

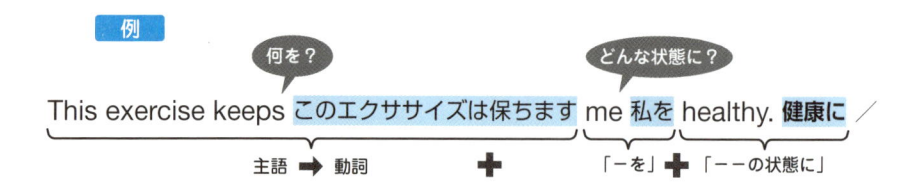

例

This exercise keeps このエクササイズは保ちます me 私を healthy. 健康に
　　主語 ➡ 動詞　　　　　＋　　　　　　「－を」＋「－－の状態に」
　　　　　　　　　　　何を？　　　　　　　　　どんな状態に？

Formula 5

修飾語句の後に〈笠原訳〉を入れる

修飾語句の直後に〈笠原訳〉を挿入して、後ろから意味をつけ足します

　今までの説明で、中学で学習した基本5文型にどのように〈笠原訳〉を応用していくかがわかってきたと思います。

　ただ、英語のすべてのセンテンスが、この5つのどれかに属しているといっても、実際に英語を「読み、書き、聞き、話す」ときに、私たち日本人に英語を難しく感じさせているのは、**修飾語句によって後から情報をつけ足いく方法**です。

　なぜなら、このつけ足し方は日本語にはないからです。

　修飾語句というのは、名詞や動詞などの意味を補足する語句です。ここでは、形容詞句と副詞句を取り上げて訳し方を説明しましょう。

　難しく考えずに、**修飾語がきたら、その直後に〈笠原訳〉を挿入する**と覚えておきましょう。

　それでは、例文を見てみましょう。

➡ 副詞句の場合

> **例**　Your fiancé is at the balcony.
>
> **訳し方**　"Your fiancé is（あなたのフィアンセはいます）"と言われると、当然「どこに？」という疑問が生まれます。**副詞句**を用いて"at the balcony.（バルコニーに）"とつけ足されるので、ここで区切って〈笠原訳〉を挿入します。

笠原訳　（どこに？）

Your fiancé is あなたのフィアンセはいます at the balcony. バルコニーに ／

例　Our company has many branches all over the US.
訳し方　下記の「どこに？」の答え "all over the US" が**副詞句**です。
笠原訳

　　　　　　　何を？　　　　　　　　　　　　　　　　　　　どこに？
Our company has 私たちの会社は持っています many branches たくさんの支店を all over the US. 合衆国中に ／

➡ 形容詞句の場合

例　The clock on the wall is slow.
訳し方　下記の「どこの？」の答えに当たる "on the wall" が**形容詞句**です。
笠原訳　　どこの？

The clock その時計は on the wall 壁にかかっている is slow. 遅れています ／

Formula 6

主語と動詞の間に修飾語句や挿入語句が入る場合は、主語の後、修飾語句の後、動詞の後に〈笠原訳〉を入れる

英語の主語と動詞とが隣り合わせの場合は、主語と動詞をひとまとまりにして、その後に〈笠原訳〉を挿入します。しかし、主語と動詞の間に修飾語句や挿入語句が入る場合は、それぞれ、主語の後、修飾語句の後、動詞の後といった具合に別々に〈笠原訳〉を挿入します

　ここでは、主語と動詞の間に、**主語を説明する修飾語句**が入った場合を説明します。

例　The knives and forks on the table are all made of silver.

訳し方 主語 "The knives and forks" と動詞 "are made" は、修飾語 "on the table" によって引き離されています。そこで、それぞれの後に〈笠原訳〉を挿入して行きます。

笠原訳 The knives and forks **そのナイフとフォークは** on the table **テーブルの上の** are all made **すべて作られています** of silver. **銀で** ／

Formula 7
関係代名詞、関係副詞の後に、下記の訳をつけて挿入する

関係代名詞や関係副詞がある場合は、それぞれ直後に区切って下記の〈笠原訳〉を挿入します

➡ 関係詞の〈笠原訳〉

関係代名詞	who	「そして、その人（たち）は」
	whose	「そして、その人（たち）の」「そして、それ（ら）の」
	whom	「そして、その人（たち）を」「そして、その人（たち）に」
	that	「そして、その人（たち）は」「そして、それ（ら）は」 「そして、その人（たち）を」「そして、それ（ら）を」
	which	「そして、それ（ら）は」「そして、それ（ら）を」
	in which	「そして、それ（ら）の中で」
	of which	「そして、それ（ら）の」
関係副詞	where	「そして、そこで」
	when	「そして、そのとき」

〔セオリー〕

→ 〈笠原訳〉の挿入位置

関係代名詞	主格	「～が」「～は」と訳すもの	後にくる動詞とともにひとまとまりにし、その後に〈笠原訳〉を挿入
	所有格	「～の」と訳すもの	後にくる名詞、動詞とともにひとまとまりにし、その後に〈笠原訳〉を挿入
	目的格	「～を」「～に」と訳すもの	直後に〈笠原訳〉を挿入
関係副詞			直後に〈笠原訳〉を挿入

　それでは、右ページの例を見てみましょう。
　わかりやすくするために、「誰？　どんな人？」などといったように、文の頭から解釈していけば当然出てくる疑問を記しています。それに答えるように実際の英語が続いています。

→ 関係代名詞

主格 ▶「～が」「～は」と訳すもの
　who　「そして、その人（たち）**は**」
　that　「そして、その人（たち）**は**」「そして、それ（ら）**は**」
　which　「そして、それ（ら）**は**」

所有格 ▶「～の」と訳すもの
　whose　「そして、その人（たち）**の**」「そして、それ（ら）**の**」

目的格 ▶「～を」「～に」と訳すもの
　whom　「そして、その人（たち）**を**」「そして、その人（たち）**に**」
　that　「そして、その人（たち）**を**」「そして、それ（ら）**に**」
　which　「そして、それ（ら）**を**」

例　The receptionist who has just begun working is very organized.

笠原訳　　　　誰？　どんな人？

The receptionist その受付は who has just begun working そしてその人はちょうど働き始めたばっかりです is very organized. とてもてきぱきとしています ／

→ 関係副詞
　where　「そして、**そこで**」
　when　「そして、**そのとき**」

「前置詞＋関係代名詞」は、関係副詞と同じように考えればOKです。
　in which　「そして、それ（ら）**の中で**」
　of which　「そして、それ（ら）**の**」

例　The city where I used to live when I was younger was very beautiful.

笠原訳　　どこ？　どんなところ？　　　　　　　　　　　いつごろ？

The city その市は where そして、そこで I used to live 私はかつて住んでいた when ときに I was younger 私が今より若かった was very beautiful. とてもきれいだった ／

237　　〔セオリー〕

Formula 8

接続語句の後に〈笠原訳〉を入れる

接続詞の"but"や"so"などの後には〈笠原訳〉を挿入します

　接続詞には"but（しかし）"とか"so, （それで）"のように、「後の主語＋動詞」の解釈に直接影響を及ぼさず、その場で「しかし」とか「それで」のように訳せるものがあります。その場合は、その場で〈笠原訳〉を挿入します。
　接続詞のある例文を見てみましょう。

　　例　　I like her but I don't like her cat.
　　訳し方　"〜 but（しかし）…" "〜 so（それで）…"のように〈笠原訳〉を挿入します。
　　笠原訳　I like 私は好きです her 彼女が but しかし I don't like 私は好きではありません her cat. 彼女の猫が ／

→ 少し複雑な接続詞の訳し方

　それでは、ここで少し複雑な接続詞の訳し方の例文を見てみましょう。

　　例　　My father told me about it before, but I don't remember it very well.
　　訳し方　"My father told（私の父は言いました）"という「主語＋動詞」の後で区切りこの部分を鮮明に覚えておくようにします。そうする当然「誰に？」という疑問が出てきますので、"me（私に）"と続いていきます。
　　笠原訳　My father told 私の父は言いました me 私に about it それについて before, 前に but しかし I don't remember 私は覚えていない it それを very well . それほど良くは ／

➡ 名詞節を導く"that（次のことを）"の〈笠原訳〉

例 The signature on this form shows that you bought it at the shop yesterday.

訳し方 "The signature"のように最初に名詞が単独で出てきたときは、主語であると予想して、「そのサインは」と解釈して先に進みます。その後は、この主語に意味を足している修飾語"on this form（この用紙の）"がきていますので、この時点では主語を動詞とくっつけて解釈できません。そして、ついに動詞"shows（表しています）"がきます。「何を表しているの？」という疑問が当然出てきますので、それに答える形で目的語「〜を」がくるのですが、この文の場合もう少し複雑で、目的語の代わりに名詞節で「〜を」を表しています。この"that（**次のことを**）"は、この名詞節を導く言葉でよく使われます。その後、"you bought（あなたが買った）"と訳して挿入しますが、"that（**次のことを**）"を覚えていて、それを反映させたい場合は「あなたが買った**ということを**」と、「〜のことを」と言った後に同じような「ということを」のように「〜の（という）ことを」を繰り返します。

笠原訳 The signature そのサインは on this form この用紙の shows 表しています that **次のことを** you bought あなたが買った**ということを** it それを at the shop そのお店で yesterday. きのう／

Formula 9

becauseやifなどは、その直後とその後の主語と動詞の後に分けて〈笠原訳〉を入れる

"because（なぜなら～なので）" や "if（もしも～なら）" などのように、文や文節、句の先頭と最後に訳がまたがる場合です。この場合、通常訳すときに省略しがちな最初の部分の「なぜなら」や「もしも」を、必ず "because" や "if" の後に〈笠原訳〉つけて強調するようにし、先頭部分の意味の把握をしっかりするようにしておきます。こうすると、文節内で戻ることなく、効率的に理解を先にスムーズに進めていくことができます

"because" や "if" などは、その後に続く動詞に意味がかかってくるので、後に続く「主語＋動詞」に意味を加えて〈笠原訳〉をつけるようにします。

接続詞のある例文を見てみましょう。

例　～ because he was young….

訳し方　"because" の直後に「なぜなら」を挿入して印象づけ、「…なので」を後に続く動詞の後にくっつけます。

笠原訳　～ because **なぜなら** he saw 彼は見た**ので** …

例　～ if he comes on time …

訳し方　この場合も "if" の直後に「もしも」を挿入して印象づけ、「…なら」を後に続く動詞の後にくっつけます。

笠原訳　～ if **もしも** he comes 彼が来る**なら** on time 時間通りに …

それでは、例文を見てみましょう。

例　I didn't like the movie because it was boring.
　笠原訳　I didn't like 私は好きではなかった the movie その英語を because なぜなら it was boring. それは退屈だったから ／

➡ "if"に導かれる仮定法の時制

　"if" は、動詞の意味にかかるだけでなく、動詞の時制にも影響を及ぼします。"if" が、未来の仮定（未来にそうなるかどうかわからない状況で、そうなった場合のことを仮定している）を表している場合、"if" に導かれる節は、未来のことを言っているのにもかかわらず、動詞は現在形です。

　また、この "if" が現実にはないことを仮定して、"if（もしも）" と言っている場合は、"if" が現在のことを表していても動詞の時制は過去形になりますし、過去のことを言っていれば過去完了形になります。

　以下の例文を見てみましょう。

　例　If you weren't at her wedding, she would be sad.
　訳し方　"if" は、"you（あなた）" がいることを前提に、「いなかったら」と現実とは反対のことを仮定して、動詞の意味にかかるだけでなく、動詞の時制にも影響を与えています。
　笠原訳　If もしも you weren't 君がいなかったら at her wedding, 彼女の結婚式に she would be sad. 彼女は悲しかったことでしょう ／

Formula 10

イディオム、動詞句は、ひとかたまりにして〈笠原訳〉をつける

イディオムは、通常の英語とは違いますので、そのかたまりを別に覚えておかなければなりません。なぜなら、イディオムのほとんどは、もとの単語の意味からは大きくかけ離れているからです

→ イディオムの〈笠原訳〉

　イディオムは1つのかたまりとしてとらえて〈笠原訳〉とつけます。なぜなら、イディオムは、**そのかたまりで意味を形成している**からです。分解してしまったらもうイディオムではなくなってしまうためです。

　たとえば、"out of the blue"というイディオムを訳すと「いきなり」「突然に」といった意味になります。日本語で言う「青天の霹靂」のような驚きの意味が込められています。ですから、〈笠原訳〉では次のようになります。

> **例** It happened out of the blue.
> **笠原訳** It happened それは起こった out of the blue. **突然に** ／

もうひとつイディオムをあげてみましょう。

> **例** I'm getting cold feet.
> **笠原訳** I'm getting cold feet. **とっても緊張しているよ** ／

　この言葉は、結婚前の男性が、結婚を前にすごく緊張しているときによく口にする表現として有名です。「冷たい足を持っている」と訳したら、理解に苦しみますね。

➔ 動詞句の〈笠原訳〉

　イディオムと同じように、〈笠原訳〉では、動詞と前置詞が組になって、もとの動詞とは意味の異なってくる動詞句もひとかたまりとして訳します。

> **例**　My car is running out of gas.
> **訳し方**　この場合の動詞句は、"run out of"で「なくなる」という意味です。"run"は「走る」という意味で使われることが多くなっていますが、後についてくる"out of gas"によって異なる意味になっています。
> **笠原訳**　My car is running out of **私の車は、なくなってきています** gas. **ガソリンが** ╱

> **例**　Don't pick on me!
> **訳し方**　この場合の動詞句は、"pick on"で「からかう」という意味です。
> **笠原訳**　Don't pick on **からかわないで** me! **私を** ╱

　なお、イディオムについては本書のCOLUMNで多数紹介していますので、あわせて覚えましょう。

　〈笠原訳〉で一番大切なことは英語の語順で訳すことです。英語の語順をくずさないようにどんどん訳していき、英語脳をしみ込ませましょう。

5段階高速リスニング

※ 耳と脳の瞬発力を身につけ「英語回路」を構築

　〈笠原訳〉を使って、英語を自由に読み、書き、聴き、話すことができるようになってくると、今までの「英語をセンテンスごとに日本語に直して理解し、話す」という「日本語から英語を組み立てていく方法」が、いかに手間と時間がかかっていたかということが、よくおわかりいただいたと思います。

　先ほど説明した〈笠原訳〉のFormula（公式）を使えば、英語の語順で英語を理解し、話すことが、とても自然にできるようになってきます。

　しかし、英語の語順がわかっていて、必要な知識を覚えているだけでは、「短期間」で「英語が流ちょうに話せる」ようにはなるためには、十分とは言えません。

　英語を身につけることは、これから人生を進んでいくうえでの出発点であり、終着点であるわけではありません。ですから、「短期間」で身につけることは、とても重要です。

　それでは、何が足りないのでしょうか？　ひと言で言えば「瞬発力」です。これが身につけば、皆さんの中に「英語回路」という、いつでも使える言語チャンネルを設置することができます。

　では、「英語回路」はどのように作られていくのでしょうか？

　それは、高速学習をすることです。高速学習することによって「集中」せざるを得なくなり、その結果「記憶力」が増して、学習効果が飛躍的に高まるのです。

　「高速メソッド®」で学習していくと、「今まで速すぎて聴き取れない」と思っていた英語が、いとも簡単に聴き取れるようになります。実は、これは「高速メソッド®」のたくさんの効果のうち、ほんの一つの効果にすぎません。それ

よりも、この「高速メソッド®」を実践することによってみなさんの「潜在能力」「集中力」「記憶力」を高め、その結果、「英語を自由自在に操る能力を身につける」ことができるのです。

◆ 超高速リスニングが「英語回路」を構築する！

それでは、これから「英語回路」構築の方法を見てみましょう。

❶ 〈笠原訳〉を使って、英語を学習していくと「英語を、英語の語順のままに読み、書き、聴き、話す」ための「思考回路」が構築される

❷ 「理論的にわかっている」というレベルをはるかに超える「英語の瞬発力」が身につく

❸ 「英語回路」のチャンネルが構築されて、学習した「英語がしっかりと記憶」される

❹ 「まるで母国語のように、英語が自然に聴き取れて理解でき、英語の言葉が、自然に素早く口から出てくる」。すなわち、「英語を自由自在に読み、書き、聴き、話す」ことができるようになる

以上が、「英語回路」構築までのプロセスです。

実は、このプロセスの❶から❷の段階に至るためには、「理論的にわかっている」というレベルをはるかに超える「英語の瞬発力」が、学習者自身の英語力に要求されます。

つまり、〈笠原訳〉をマスターして英語の語順でわかるレベルまできたら、

次に必要なのは、英語が「スーッと」自然に頭に入ってくる「瞬発力」なのです。

そして、この「瞬発力」を身につけるための最も有効なツールが、約２倍速の高速リスニングの段階を取り入れた、「高速メソッド®」の「5段階高速リスニング（5ステップ・リスニング）」です。また、184ページで体験した「4段階高速スピーキング（4ステップ・スピーキング）」も、「瞬発力」を身につけるための役割を担っています。

※ 高度な高速再生技術で、超高速リスニングを実現！

◆〈笠原訳〉なら聴き取れる！

私の手がけている企業英語研修で、「紙に書いてあれば、わかるんだけれどもな」と言っている日本人ビジネスマンの方をよく見かけます。詳しく話を伺ってみると、プレゼンや話の後で書類に目を通すと、何を言っていたのかわかることが多いそうです。

つまり、「話している英語が聴き取れない」「英語のリスニングが苦手」というのには、「英語が聴き取れないというより、相手の話しているスピードで理解することができない」というのが本当の理由です。

確かに、英語をセンテンスごとに訳す今までの方法だと、英語を日本語の語順にいったん置き換えて理解していますので、そのスピードについていけないというのは、仕方のないことかもしれません。

しかし、〈笠原訳〉が挿入されている英語を聴くのならどうでしょう。本書を試した皆さんになら実感していると思いますが、この方法なら理解できたのではないでしょうか？　英語の語順で訳がついていますので、日本語の語順に置き換えずに英語のまま理解できます。その結果、速いスピードにも無理なくついていくことができるのです。

さらに、学習を続けているうちに「英語の語順で理解する力」も自然に身につくという副産物までも、「高速メソッド®」にはついてきます。

◆ **高度な高速再生技術なら聴き取れる！**
　実際に、高速再生されたものを聴くときに、一番気になるのは、その速さというよりは、高速時に発生する耳障りな「キュルキュル」するノイズや、もとの音程よりも音程が高くなってしまって聴きづらいチップマンク現象（アメリカにいるシマリスの一種"chipmunk"がしゃべっているように声が異常に高くなる現象）です。実際に速いスピードのためではなく、これらの現象によって、高速で再生されたものは大変聴きづらくなっています。
　したがって、今まで高速で聴く学習をする場合、これらのノイズや高音に邪魔されて、十分な効果を上げるどころか、頭痛に悩まされることを心配しなくてはなりませんでした。
　しかし、「高速メソッド®」では、高速になってももとの音程を保つことができるようにする音程をコントロールする技術をはじめとする高度な録音再生技術を使用して、ハイスピード・リスニングを行っています。ですから、ノイズや音程による聴きづらさが一切なく、純粋にハイスピード・リスニングによる学習効果を上げることができます。
　「高速メソッド®」の5段階高速リスニング（5ステップ・リスニング）では、このように、この高度な録音再生技術によって音を加工し、いくつかの段階を踏んで約2倍の速度にまで高めてリスニングしていきます。

◆ **5段階高速リスニング（5ステップ・リスニング）とは？**
　いくらハイスピード・リスニングは効果があるといっても、いきなり「通常の英語の約2倍の速さの英語を聴きなさい」と言っても、無理な話です。
　そこで、「高速メソッド®」では、無理なく学習効果を上げるために、5段

階高速リスニング（5ステップ・リスニング）という段階的にリスニングしていく方法を採用しています。この方法は、スピードを**ノーマル・スピード（通常のスピード）と約2倍速に変速しものを、「英文のみ」と「〈笠原訳〉を挿入した英文」とを組み合わせて段階的にリスニング**していきます。

　この方法で、段階的に学習を進めていくことによって、今まで通常のスピードでも聴き取れなかった英語を、いとも簡単に聴き取れるようになります。これは、初めて実践する人でも、初回から十分に効果を実感できます。

　また、通常は「わからない英語は、何度聴いたってわからない」と思われていた学習法が、「繰り返せばさらによくわかるようになる」という、画期的な学習効果を発揮できるのが「高速メソッド®」です。

　つまり、この5段階高速リスニングこそが、一番無理がなく、また無駄のないリスニングメソッドであると自負しています。

　「5段階高speedリスニング」は、次の5つの段階から構成されています。

First Step（第1段階）
「英文のみ」のノーマルスピードでのリスニング

　第1段階では、通常のノーマルスピードで、英語だけ聴きます。

　通常の英語で、「自分のcomprehension能力（英語を理解する能力）」をチェックします。

　初めて聴いた第1段階では、英語がどのように感じられて、どのくらい理解できていたかを知っておく必要があります。

Second Step（第2段階）
「英文＋〈笠原訳〉」のノーマルスピードでのリスニング

　第2段階では、通常のノーマルスピードで、「英文＋〈笠原訳〉」を聴きます。

　第1段階で難しいと思ったところ、すんなりと理解できないところを、〈笠

原訳〉を一緒に聴くことによって理解を高めます。同時に、英語の語順で理解していく方法をつかみます。

Third Step（第3段階）
「英文+〈笠原訳〉」の高速スピードでのリスニング

　第2段階で、第1段階で生じた疑問を解決したら、今度は第2段階と同様の「英文+〈笠原訳〉」を通常の約2倍のスピードで高速リスニングします。

　もちろん、再生のスピードが上がっても、音程などはノーマルスピードと同じ音程になるように調節されたものです。

　この第3段階で、〈笠原訳〉を用いながら、高速で英語の語順で理解する訓練をします。この段階で脳を活発に使うことにより、学習者の集中力、記憶力は飛躍的に高まります。それによって、英語の語順や必要なボキャブラリーが生きた知識としてどんどん身についていきます。

Fourth Step（第4段階）
「英文のみ」の高速スピードでのリスニング

　今度は一気に英語だけを、通常の約2倍のスピードで高速リスニングします。〈笠原訳〉の補助なしで、スラスラと英語が入ってくるのを感じることが狙いです。

　「5段階高速リスニング」になれてくると、回を重ねるごとに、日本語を介さずに英語だけ理解できることが自覚できるようになります。

　もちろん、この第4段階でも、音程などがノーマルスピードと同じ音程になるように調節されています。

　この段階では、English onlyの状態で高速に、英語の語順で理解する訓練をします。

　この第4段階で、脳を活発に使うことによって、学習者の集中力や記憶力が、

さらに飛躍的に高まります。

その結果、英語の語順や必要なボキャブラリーが、生きた知識としてどんどん身についていきます。

Fifth Step（第5段階）
「英文のみ」のノーマルスピードでのリスニング

第5段階では、英語をノーマルスピードで聴きます。

初めの第1段階で聴いたものとまったく同じ英語を、まったく同じノーマルスピードで聴きます。

このとき、多くの人から「第5段階では、ゆっくりとした英語をかけているのですか？」という質問が届きます。もちろん答えは「No」です。

この質問者のように、この第5段階では耳も脳もなれてきているので、ノーマルスピードの英語を聴くと、かなり「遅いなあ」と感じるはずですし、意味もよくわかるようになってきています。

初めは、「速いなあ」となかなかついていけなかった英語が、こう感じるようになるのです。**たった一度、「5段階高速リスニング」を実践しただけでも、このノーマルスピードの英語は、とてもゆっくりと聞こえる**ことでしょう。

その結果、学習者自身が学習したボキャブラリーやその他の知識が、どれだけよく身についているかをチェックでき、自信も高めることができます。

これが、「高速メソッド®」の「5段階高速リスニング」の全容です。

◆ 4段階高速スピーキング（4ステップ・スピーキング）とは？

「5段階高速リスニング」で瞬発力をつけて学習したことは、素早く思い出すことができます。

それを、さらに効果的にしたモノが、「4段階高速スピーキング（4ステップ・スピーキング）」です。184ページで体験していただいたものが「4段階高速スピーキング」ですが、この学習を行うと、あなたの脳の中に「スピーキング回路」というものを構築します。「スピーキング回路」の構築によって、かなり流ちょうに、自在に英語を話すことができるようになります。
　この「4段階高速スピーキング」は、以下のように展開していきます。

First Step（第1段階）
日本文をノーマルスピードで聴き、その直後に英文を聴く

Second Step（第2段階）
「〈笠原訳〉＋英語セグメント」をノーマルスピードで聴く

Third Step（第3段階）
「〈笠原訳〉＋英語のセグメント」を高速スピードで聴く

Fourth Step（第4段階）
日本文をノーマルスピードで聴き、その直後に英文を聴く

　この「4段階高速スピーキング（4ステップ・スピーキング）」を、「5段階高速リスニング」と同時に行うと、「英語回路」の構築は、さらに加速していきます。
　「4段階高速スピーキング（4ステップ・スピーキング）」は、拙著『英語高速メソッド®日常英会話集Vol.1』や『英語高速メソッド®日常英会話集Vol.2』『英語高速メソッド®やり直し英会話集』『英語高速メソッド®ビジネス会話集』『英語高速メソッド®10分間英会話トレーニング』にて、詳しく解説・CD収録していますので、しっかりと学習したい方は、これらをお買い求めいただければ幸いです。

おわりに

　これまでは、基本的な英会話が話せるようになってから、その上のニュース英語を聴き取れるレベルの英語力になるまでの橋渡しができる教材や本はあまりなかったように思います。本書は、その橋渡しができたのではないかと思っています。本書で、英語の思考法と高速学習による高い記憶力を身につけたあなたは、これから英語がどんどん上達していくことでしょう。

　英語は、ある程度フレーズやボキャブラリーを覚えていくと、海外旅行で困らないくらいになります。まだ未熟なまでも、外国人とそこそこ意思疎通ができるようになると、英語を話すことが楽しくなります。
　そしてその後、「映画が字幕なしで見れたらどんなに良いだろう」「英語を使う仕事がしたい」「そのためにTOEIC® TESTで高得点をとりたい」というような考えに発展する方が多くなります。あなたもその一人ではないでしょうか。
　そのような意識を持たれた方々から、「やっぱり、1年くらい留学しないとダメですかね？」と質問される機会がたくさんあります。しかし、「留学さえしたら話せるようになる」と考えるのは、英語の上達に限界を感じて、これ以上、上達する方法がわからないからなのでしょう。
　私が長年、英語教育に携わってきた経験の中では「3年留学したけどモノにならなかった」「アメリカに移民して20年住んでいるが、やはり英語は苦手なんです」というような方が数多くいます。これは留学するしないにかかわらず、英語の語順で考えられるようにならなかったことの証ではないでしょうか。
　どうか本書を含む、「英語高速メソッド®」シリーズで、あなたが、英語の語順とたくさんの使えるボキャブラリーをモノにして、人生をより良いものにしていくことを祈っています。

バートランゲージスクール® 校長　笠原 禎一　MBA

CDを聞き流すだけで話せるようになる！
新星出版社の「英語高速メソッド®」シリーズ

日本、韓国、オーストラリアで特許を取得した「高速メソッド®（笠原メソッド）」シリーズ（笠原禎一：著）は、多くの読者から支持を得ています。それぞれの本の、学習レベルや体験できるジャンルを紹介します。
あなたの求めるレベルや学びたいシチュエーションに合った一冊を選択するための参考にしてください。

英語高速メソッド®
今すぐ話せるフレーズ集

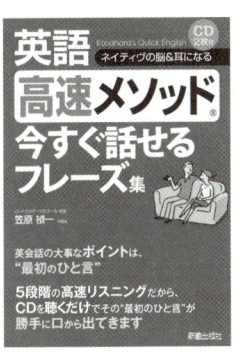

CD 2枚付　入門者向け

「英会話に必要な"フレーズ"」だけを厳選した一冊。一文が短い"フレーズ"中心だから、脳の中にも染み込みやすいため、すぐに話せるようになります。
〈お願い〉するときの基本である"please""May I""Could you""Would you like"をはじめ、〈提案〉や〈アドバイス〉を表現する"Why don't we""You should"など、実際に会話するときに必要な"フレーズ"が満載です。
また、〈あいさつ〉〈自己紹介〉〈買い物〉〈感謝〉などの"フレーズ"も身につきます。

英語高速メソッド®
10分間 英会話トレーニング

CD 3枚付　入門者～初級者向け

CDを「1日10分」聴くだけで英会話が身につく本。全編を約10分×21日間（3週間）に区切っているため、めんどくさがり屋の方でも、無理なく続けられます。
1週目は「海外旅行」。たった1週間で、海外旅行で必要な、最低限の英会話力が身につきます。2週目の「人付き合い」と3週目の「日常生活」も、頻繁に使われる構文やボキャブラリーをギュッと詰め込みました。短時間でこれらの場面での英会話力を身につけたいと考えている"欲張りな方"にお勧めの一冊。

英語高速メソッド® 日常英会話集 Vol.1

CD 3枚付 / 入門者～初級者向け

日本にいながらにして、英語を使った海外生活が体験できる本。日本に転勤になった外国人一家のさまざまな体験は、「場面」ごとに映像イメージが頭に浮かぶので、英語があなたの脳や耳に染み込みます。

Vol.1（1週目）では、「起床時」や「帰宅後」「ビジネス」「電話」「レストラン」「買い物」「郵便局」「家計」「掃除」「洗濯」「料理」「食事の時間」「健康」などのシチュエーションでの英会話を、楽しく体験することができます。

英語高速メソッド® 日常英会話集 Vol.2

CD 3枚付 / 入門者～初級者向け

Vol.1同様、日本に転勤になった外国人一家の日々の暮らしを疑似体験できる本。この疑似体験によって、ビジュアルが頭の中に浮かぶため、強烈な印象が残ります。それが、ネイティヴの脳と耳を作ります。

Vol.2（2週目）では、「パーティー」「付き合い」「おしゃれ」「服装」「街・道案内」「天気」などのシチュエーションを体験することができます。

また、「職探し」「業務」「契約」といったビジネスの現場で必要とされる英会話力も身につきます。

英語高速メソッド® やり直し英会話集

CD 3枚付 / 初級者向け

中学英語の中から、英会話に必要なものだけを絞り込んだ一冊。懐かしい"中学英語"を復習しながら学ぶため、きっちりとした英会話力を身につけられます。「一から順に学びたい」と考えている"じっくり派"の方にピッタリの本です。

「be動詞」から始まり、「形容詞」「前置詞」「助動詞」「一般動詞」「不定詞」「動名詞」「時制」「比較」「仮定法」「可算名詞・不可算名詞」など、中学英語をおさらいしながら英会話力を身につけることができます。

英語高速メソッド®

CD 2枚付　初級者～中級者向け

「高速メソッド®」シリーズの最初の一冊。
「起床、仕事、就寝といった日々の生活」や「彼女からのレター」「新たに配属される上司の噂話」などの"長文"がふんだんに含まれているため、英会話力の中で、とくにリスニング力を身につけられます。
また、TOEIC®やTOEFL、英検などの資格試験で結果を出すにも長文読解力は必須。TOEIC®に出題される基本ボキャブラリーもほぼ網羅していますから、これらの試験の受験を考えている方にも最適。

英語高速メソッド®
ビジネス英会話集

CD 3枚付　中級者向け

「これだけは覚えておきたい」ビジネス英語が入った一冊。
外国人と仕事をするビジネスの現場で、最低限必要とされる、構文やボキャブラリーを厳選しています。
「ビジネス電話」や「社内コミュニケーション」といった基本的なビジネス英会話をはじめ、「ビジネスニュースについての意見交換」「展示会のアイデア出し」「株主総会の準備」「プレゼンテーション」「会議・ブレインストーミング」などを、場面ごとに体験できます。

英語高速メソッド®
パーフェクト英会話集

本書　CD 4枚付　中級者向け

長文の英会話とニュース英語によって、実力を飛躍的にレベルアップさせる本。
「旅行英会話くらいなら、なんとかなる」という人をはじめ、「ビジネス英語で困らないようになりたい」「資格試験の突破したい」といった人にあった一冊です。
このような、ある程度、英語ができる方々が、はっきりと「英語が得意」と言えるようになるため、重要なボキャブラリーや構文をふんだんに取り入れたニュース英語も満載しています。

■著者紹介

笠原禎一 (かさはら・よしかず) MBA (経営学修士) ／ MA in ELT (英語教授法修士)
Profile of Yoshikazu Kasahara, MBA / MA in ELT

公式ホームページ　www.bart-jp.com/

國學院大學文學部を卒業後、ハートフォードシャー大学大学院修士課程修了、MBA を取得。サウサンプトン大学大学院にて MA in ELT を取得。日本英語学会 会員。英語版音声ディレクター。株式会社バート、およびバートランゲージスクール® を主催。

サザン・カレッジ・オブ・ビジネス客員教授、東京工業専門学校講師、英進国際情報専門学校講師、ハワイ・パシフィック大学 REP.、クイーンズランド工科大学 REP. を歴任する。

著作は、本書のほか、『620 点突破 今日からはじめる TOEIC®TEST』『英語高速メソッド®』『英語高速メソッド® 日常英会話集 Vol.1』『英語高速メソッド® 日常英会話集 Vol.2』『英語高速メソッド® ビジネス英会話集』『英語高速メソッド® やり直し英会話集』『英語高速メソッド® 10 分間英会話トレーニング』『英語高速メソッド® 今すぐ話せるフレーズ集』(以上、新星出版社)、『英会話高速メソッド®』『TOEIC® テスト高速メソッド® リスニング』『TOEIC® テスト高速メソッド® リーディング』『英会話高速メソッド® 外国人と語り合える英会話』『英単語 1300 高速メソッド®』『ゼロからはじめる英会話高速メソッド®』(以上、宝島社)、『基本の英会話高速メソッド®』(アスコム)、『高速メソッド® 英語勉強法』(三笠書房)、『自分のことをどんどん話す英会話高速メソッド®』(中経出版)『困ったときの英会話 CD シリーズ』(キングレコード)、"Mainichi Weekly" の連載記事 "TOEIC® MAGIC" (毎日新聞社)、『英語高速傳奇 (中国版)』(凱信出版事業有限公司) がある。

本書の「笠原メソッド」は、日本で特許取得 (第 4831792 号)、韓国で特許取得 (第 10-1180287 号)、"Method and Apparatus for Rapid Language Acquisition" としてオーストラリアで特許取得 (Pat.#2003200507) されています。2009 年に東京都特許助成金事業に選出されています。また、「高速メソッド®」(第 5132913 号) と「バートランゲージスクール®」(第 4688965 号) は、日本の特許庁より商標登録を取得しています。

本書の内容に関するお問い合わせは、書名、発行年月日、該当ページを明記の上、書面、FAX、お問い合わせフォームにて、当社編集部宛にお送りください。電話によるお問い合わせはお受けしておりません。
また、本書の範囲を超えるご質問等にもお答えできませんので、あらかじめご了承ください。
　　FAX：03-3831-0902
　　お問い合わせフォーム：http://www.shin-sei.co.jp/np/contact-form3.html
落丁・乱丁のあった場合は、送料当社負担でお取替えいたします。当社営業部宛にお送りください。
本書の複写、複製を希望される場合は、そのつど事前に、(社)出版者著作権管理機構 (電話：03-3513-6969、FAX：03-3513-6979、e-mail：info@jcopy.or.jp) の許諾を得てください。
JCOPY ＜(社)出版者著作権管理機構 委託出版物＞

英語高速メソッド®　パーフェクト英会話集

2015 年 2 月 25 日　　初版発行

著　者　　笠　原　禎　一
発行者　　富　永　靖　弘
印刷所　　㈲ T P S 21

発行所　東京都台東区　株式　新星出版社
　　　　台東 2 丁目 24　会社
　　　　〒110-0016 ☎03(3831)0743

© Yoshikazu Kasahara　　　　Printed in Japan

ISBN978-4-405-01135-9